JN060108

米国株 S&P500

インデックス投資

ぱる出版

序章

PART 0-1
米国株 S&P500 インデックス投資の取引は超簡単！

●米国株 S&P500 インデックスを購入してみよう

「米国株 S&P500」の売買と聞いて、自分にできるだろうか、あるいは難しそうだ、と感じる方もいると思います。

しかし、実際はスマホや PC を使えば数分で売買を行うことができます。

購入の金額も、多くの商品で最低投資金額が 100 円と設定されています。

実際の売買の例として、「三菱 UFJ 国際 − eMAXIS Slim 米国株式（S&P500)」の購入事例を見てみたいと思います。

近年、オンライン証券会社が、口座開設の手続きの簡便さ、商品ラインナップの充実、手数料率の低さ、充実したコールセンターサポートで人気を集めています。

人気オンライン証券の SBI 証券で S&P500 インデックス投資信託を、ワンコインの 100 円で買う場合の例を見てみたいと思います。

「三菱 UFJ 国際－eMAXIS Slim 米国株式（S&P500)」の購入手順は次の通りです。

まずは SBI 証券のホームページからマイページへログインします。ユーザーネームやパスワードはしっかりと管理しましょう。（①）

①

まだ証券口座を持っていないという方も心配はいりません。マイナンバーカードが手元にあれば PC やスマートフォンを使って簡単に口座開設が可能です。面倒な書類の手続きに煩わられることなく、手順に従ってボタンを選択しマイナンバーカードを撮影するだけなので、とっても簡単です。

ログインしたら画面上部のタブの中から「投信」を選択します。（②）

②

　画面中段にある「投資信託ランキング」から、「三菱UFJ－eMAXIS Slim 米国株式（S&P500）」を選択します。人気の銘柄なので、ランキングに掲載されていることがほとんどですが、見当たらなければ画面上段にある検索ボックスに商品の名前を入力しても検索可能です。（③④）

「三菱 UFJ － eMAXIS Slim 米国株式（S&P500）」を選択すると、次の画面が表示されます。（⑤）

⑤

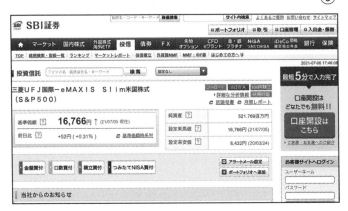

　商品を選択したら、売買を行うために、「金額買付」を選択
します。購入の方法として、投資信託の単位である「口数買付」
か、「金額買付」のどちらかを指定する必要がありますが、後
者「金額買付」を選んだ方が最初はわかりやすいと思います。
（⑥）

⑥

「投資信託説明書（交付目論見書）」を確認し、問題なければ「同意して次へ」を押しください。（⑦）

⑦

「金額」は、最低投資金額の「100」円と入力し、取引パスワードを入力します。（⑧⑨）

⑧

⑨

ポイント数	保有Tポイント　　　　-- pt うち期間固定Tポイント　　-- pt 最短有効期限　　　　----/--/-- Tポイント TOPはこちら
ポイント利用	● 利用しない ○ すべて利用する ○ 一部利用する ［　　　］pt
分配金受取方法	○ 再投資 ○ 受取 □分配金受取方法の設定についてはこちら ※本銘柄はご選択いただけません。既に保有中のため、現在設定中の 受取方法になります。

ご注文の際には ご注意事項□を必ずご確認ください。　　　　　　　注文確認画面を省略

取引パスワード：［　　　　　　　］　□ 注文確認画面へ　　　　　□ 注文発注

ファンド概要

当社からのお知らせ

確認画面が表示されますので、内容を確認し、問題なければ「注文発注」を押します。注文の申請が完了し、次の画面が表示されれば、注文完了です。（⑩）

⑩

　米国株S&P500投資信託の場合、ネットでの申し込みが完了した翌日か翌々日が約定日（正式な買い付けの日付）となります。受渡日は約定日から数日後です。
　以上はご自身のPCやスマートフォンで簡単に行うことがで

きます。最初は画面操作に慣れないかもしれませんが、慣れてくれば数分で売買を行うことができます。

　まずは、最低投資金額（100円）で何度か購入の手続きを試して操作に慣れておきましょう。

　SBI証券は電話やチャットなどカスタマーサポートが充実しています。PCやスマートフォンに不慣れな方や不安な方は、画面を操作しながら必要に応じてこれらのサポートを利用しましょう。

● 米国株投資には英語が必要？

　「私は英語ができません。英語ができないから、米国株の資産運用は私には難しいのではないでしょうか？」

　資産運用の入口でこんな声を聞くことがあります。英語ができないことから、資産運用に不安を感じている方がいらっしゃるようです。

　果たして本当にそうなのでしょうか？

　結論から言うと、英語のスキルは全く関係ありません。
　英語はできることに越したことはありませんが、英語のスキルがなくても（日本語だけでも）お金を増やし、資産運用を行うことは可能です。本書で取り上げる**米国株S&P500の理解**

と実践に英語は必要ありません。

　日本の経済ニュースではニューヨークダウが取り上げられることが多く、S&P500 投資には少々マイナーな印象を受ける方もいるかもしれません。しかし、米国人は S&P500 を標準的な米国株式インデックスと理解しており、年金口座や通常の証券口座を活用して、一般的に購入されています。

　日本に居住している場合でも、日本の証券口座や銀行口座を活用して購入することができます。購入の手続きの際は、日本のオンライン証券口座から入金して商品を選択しますが、**書類も説明もすべて日本語です。**

　コールセンターも日本語対応です。英語ができないからお金を増やすことができない、「S&P500 投資は自分には難しい」、というのは誤解です。

　英語ができた場合のメリットは、日本語訳する前の原文資料を読み込める程度かと思います。つまり、日本に居住しながら、日本語だけで米国株投資でお金を増やすことができるのです。

● **資産運用はスマホで簡単にできる？**

　現代はスマートフォンや PC を 1 人 1 台保有している時代です。スマホや PC を使って、普段の買い物と同じように、資産

運用を行うことができます。ネットショッピングと同じような感覚で、米国株や投資信託を購入することができます。

　オンライン証券口座を開設し、オンライン銀行の口座を開設。スマホやPCから証券会社のホームページにログインすれば、ボタンを押すだけで購入することができます。

　コロナ禍で、リモートワークの機会も増えて、自宅でアマゾンや楽天などネットショップを利用する機会が以前より増えたと思います。ネットショップで日用品などを購入する時間は、慣れている方ならほんの数分かと思います。

　米国株や投資信託は、このような**ネットショッピングと同じ感覚で購入することができます**。初め難しいと思うかもしれませんが、やってみれば思ったよりもずっと簡単です。

　最初は誰でも不安です。不安を感じない人はいません。

　開始した後に、不安や迷いを感じることもあります。それは自然なことです。みんな同じです。本書で少しでも皆さんの投資への不安が解消されることが私の願いです。

　「資産運用」は決して怖いものではありません。ゆっくり、着実に、資産運用の階段を上っていけばいいのです。そのために米国株S&P500は打ってつけの投資なのです。

目次

第2章　米国株式S&P500インデックス投資が注目される理由とは？

第5章 おススメの始め方、始めた後の考え方

第1章

S&P500投資で
お金を増やすために
必要な3つのこと

PART 1-1
資産運用の選択肢と米国株について理解する

●順番に従うことの重要性

　資産運用にはいくつもの選択肢があります。そして、それを選ぶ順番があります。「階段」を上るイメージで少しずつ理解と実践を深めていくことが理想的です。これから資産運用を始めようというあなたの第一歩として、資産運用にどのような選択肢があるのか、**まずは選択の基準と優先順位を理解する必要があります。**

　仕事でも、スポーツや趣味、人間関係でも、通常のステップ、流れ、順番があります。順番を学ぶことで、大きな失敗、時に致命的なミスを回避することができます。

　学校教育でも順番がありました。小学校の1年生から6年生、中学校も1年生から3年生、各教科についても基礎的なことから中級、上級の発展編と続いていきます。

　仕事においても順番があります、営業職であれば、名刺交換、担当者としての挨拶、問合せの対応等、社会人として基本的なことをまずは学んでいく必要があります。

　段階的に経験を積み上げることで、イレギュラーなケースの対応や、お客様の潜在的な不安・不満・不足の解決のための提案ができるようになります。

このように、あらゆるモノゴトには従うべき順番があります。これらは多くの先人による経験則から最大公約数的に体系化されたものといえます。お金や資産運用も同じです。

　これから資産運用を考えるための選択の基準と優先順位を学んでいきます。これらを学んだ後に、発展的な内容に取り組んでいくのが王道です。類まれな天才的な頭脳を持つ方は例外かもしれませんが、多くの人にとって初めに優先順位を学び、それを理解することが成功への近道なのです。

●投資の商品は２種類に大別できる

　資産運用にはどのような選択肢があるのでしょうか。
　お金を増やす資産運用の代表としては、株式、債券、国内不動産、海外不動産、為替、金融派生商品、暗号資産などがあります。

　それらは、実際に存在する資産（**実物資産**）と実在しない資産（**金融資産**）の二つに大別することができます。

●実物資産とは？

　実物資産は、読んで字のごとく実際に存在する資産です。実物資産の代表的な例は企業・会社です。企業・会社には社員が

いて、建物や工場があり、それらは実際に目に見える形で存在します。特許などの知的財産などは見ることはできませんが、社員が労働の結果として生み出すモノやサービスは社会に価値を提供します。

　企業・会社はこのように価値を生み出す実物資産です。同様に国や地方自治体の組織も実在します。

　これらの組織は、資金調達などのために株式や債券を発行します。一般的に株式や債権は金融資産であるとの見方もありますが、モノ・サービスを生み出したり、人々の役に立っているこれら組織の一部である株式や債権は、実物資産と捉えることが妥当であると私は考えています。

　不動産も実在しています。土地は地面であり存在します。土地の上で、私たちは生活をし、企業生産活動を行っています。建物も同じように、生活や生産活動に使用されています。

　国内の不動産も海外の不動産も基本的に同じです。空中に浮遊して活動することは、現代社会ではまだ不可能といえます。国内不動産や海外不動産に包括される土地や建物は、実在しており、実物資産となります。

●ポイント
実物資産に該当するものはそれ自体に価値があるもの
　（例）・株式会社などの企業、国や地方自治体
　　　　・土地・建物などの不動産など

●金融資産とは？

　企業・会社が発行する株式や債券が実物資産、そして土地建物の不動産も実物資産でした。それに対して、**金融資産は金融取引の中で生み出された資産と言えます**。

　金融資産の代表的なものとして、為替やFX（外国為替）があります。「為替相場」といわれるように、為替やFXは金融取引市場の中でその価値が決まります。例えば、円とドルなど異なる通貨が市場で交換（売買）されることによって相対的に価値が変化していきます。価値・サービスを生んでいないという点が実物資産との大きな違いです。

　また、先物やオプション、デリバティブなどの金融取引から誕生してきた金融派生商品も、人類の経済取引の中で開発されました。先物は先人の知恵により、バラや米の価格などを安定させ、取引を円滑にする目的がありました。

　金融資産は、金融取引の中で生み出されてきたといえます。今後も新しい金融資産のサービスが生まれてくるかもしれません。6か月先の食品などの先物取引は、経済取引の中で発明された金融商品の取引です。実物資産とは異なります。

　最近話題にのぼる暗号資産はどうでしょうか。法定通貨は国により発行されます。それに対して、暗号資産は異なります。通貨の発行対象が従来の国などの中央集権型組織ではありませ

ん。そこから暗号資産は非中央集権型の通貨、通貨の発展系といわれています。為替同様に、金融商品であり実物資産ではありません。

　お金を増やし、資産運用を実践する順番を考えるためには、どのような選択肢があるかを理解することが大切です。

●ポイント

金融資産は金融取引の中で生み出された資産

　（例）・為替や外国為替（FX）

　　　　・金融派生商品（先物・オプションなど）

　　　　・仮想通貨などの暗号資産、デジタル資産

	投資対象資産別／比較	人口 （経済規模）	人口増減 （経済規模の見通し）	対象資産 市場歴史
実物資産	アメリカ株式	3億2900万人	↑	200年以上
	日本株式	1億2600万人	↓	50年以上
	国内債券（10年国債）	―	↓	50年以上
	外国債券（10年国債）	―	↑ →	50年以上
	国内不動産	―	↓	100年以上
	海外不動産	―	↑ →	100年以上
金融資産	金融派生商品	―	―	近代30年前後
	先物取引	―	―	100年以上
	オプション取引	―	―	近代30年前後
	為替FX	―	―	近代30年前後
	暗号資産	―	―	近代10数年

●「実物資産」VS「金融資産」

　資産運用の方法を選択するために、何を判断基準とすべきでしょうか？　選択の優先順位を考えるために、いくつかの項目や側面から考えていく必要があります。

　図表の横軸を見ていきましょう。これらの項目から、資産の安全性、流動性、換金性が優れている資産は、実物資産か金融資産のどちらになるでしょうか？

　一般の会社員が手堅く運用をしていくのでれば、**資産の安全性、流動性、換金性（お金に戻すことができる）のポイントから、はじめは「実物資産」を選ぶべきです。**

世界中の投資家の市場参加（流動性・換金性）	期待リターン（年率%）	運用の評価機関の有無	監督官庁	法整備（運用報告体制）	市場の選択肢の順番
◎	10%	◎	◎	◎	①
○	5%以下	○	○	○	②③④
○	0.1%以下	○	○	○	②③④
○△×	0.1%以下	○	○△	○△	③④⑤
△×	3〜5%前後	△	○	○	②③④
△	3〜5%前後	△	○△×	○△×	⑤⑥
△	—		○	○	⑦⑧⑨⑩⑪
△	—		○	○	⑦⑧⑨⑩⑪
△	—		○	○	⑦⑧⑨⑩⑪
△	—		○	○	⑦⑧⑨⑩⑪
△×	—	△	△	△	⑦⑧⑨⑩⑪

実物資産の代表格である株式は、東インド会社の17世紀前後の資金調達を背景に取引が始まったといわれます。不動産も人類の有史以来取引されてきました。歴史が数百年あるということは、紆余曲折を経て、先人たちの知恵や経験が凝縮されているといえます。私たちのお金や資産運用において、そのような資産を選ぶことが賢明であり、大きな失敗に陥る可能性を低く抑えることができます。

　歴史と信頼のある実物資産に投資する。そして、その後に金融資産も選択肢の視野に入れていく。このような考え方が良いのではないかと思います。

◉ポイント

順番：実物資産→金融資産
　お金を増やすには、
　実物資産（株式、投資信託、土地、建物）から
　金融資産（為替FX、金融派生商品、暗号資産など）へ

●実物資産の中での優先順位

　次に、実物資産の中から投資商品を選択する場合の判断基準はどう考えるべきでしょうか？

　実物資産には株式、債券、不動産（国内・海外）などがあります。これらにはそれぞれ一長一短があり、特徴が異なります。

　株式の発行体は企業です。目的は企業の資金調達であるため、

期限はなく、企業の成長に伴い株価上昇や配当金で資金の出資者（株主）に利益が還元されます。

　債券の発行体は、国や企業です。株式同様に資金調達が主な目的ですが、満期の期限（償還）が決められており、満期を迎えると元本が戻されます。満期までの間、配当金が投資家に還元されます。

　目的が異なるので比較は難しいですが、それぞれの特徴があると理解すれば良いでしょう。

　国内不動産投資とは、読んで字のごとく、日本の土地や建物（マンションの区分所有など含む）を投資対象とすることです。
　土地の値段も建物の値段も時間の経過とともに変化していきます。オリンピックなどの国際的なイベントが開催されると、値段も変化します。
　需要が高まり不動産の値段が高まることもあります。地方の過疎化の進んだ地域の不動産は値段が下降傾向となることもあります。長期的な視点で経済的な側面から予想を立て、不動産の価値を見通す必要があります。

　海外不動産は、国内不動産よりも難しいと思います。
　海外と一口にいっても、アジア、北米、中東など、国や地域によって不動産価格に影響を与える要因は異なってきます。対象国の規制や法整備の動向にも影響を受けます。海外不動産はより上級者向けといえるでしょう。

	投資対象資産別／比較	人口 (経済規模)	人口増減 (経済規模の見通し)	対象資産 市場歴史
実物資産	アメリカ株式	3億2900万人	↑	200年以上
	日本株式	1億2600万人	↓	50年以上
	国内債券（10年国債）	―	↓	50年以上
	外国債券（10年国債）	―	↑ →	50年以上
	国内不動産	―	↓	100年以上
	海外不動産	―	↑ →	100年以上
金融資産	金融派生商品	―	―	近代30年前後
	先物取引	―	―	100年以上
	オプション取引	―	―	近代30年前後
	為替FX	―	―	近代30年前後
	暗号資産	―	―	近代10数年

●実物資産の選択肢の中から、株式を選ぶ

　次に先に述べた三つの実物資産を比較し、優先度を決めていきます。歴史、国家の管理、法整備、資産の期待収益、流動性（換金性、現金化できる）から、**まずは株式を選ぶべきです。**

　株式や債券は、不動産に比べて流動性（特に換金性）が優れています。不動産は現金化に時間がかかりますし、資産運用を行う方の年齢も関係してきます。引退の希望年齢が近い、仮に65歳から7年以内の方（60歳など）は、株式や株式投資信託から一部債券の資産へ移す方が良いと思います。
　一方で債券は、株式に比べて上下のブレ幅が穏やかです。20代、30代で、目的が引退資金であれば、債券でなく複利運用のための時間を有効に活用するために株式や株式投資信託が良

世界中の投資家の 市場参加 （流動性・換金性）	期待リターン （年率%）	運用の 評価機関の有無	監督官庁	法整備 （運用報告体制）	市場の選択肢の 順番
◎	10%	◎	◎	◎	①
○	5％以下	○	○	○	②③④
○	0.1％以下	○	○	○	②③④
○△×	0.1％以下	○	○△	○△	③④⑤
△×	3〜5％前後	△	○	○	②③④
△	3〜5％前後	△	○△×	○△×	⑤⑥
△	—	—	○	○	⑦⑧⑨⑩⑪
△	—	—	○	○	⑦⑧⑨⑩⑪
△	—	—	○	○	⑦⑧⑨⑩⑪
△	—	—	○	○	⑦⑧⑨⑩⑪
△×	—	△	△	△	⑦⑧⑨⑩⑪

いと思います。

> ◉ポイント
> ・30代が65歳の引退を見据えて投資を始める場合は最
> 　初は株式や株式投資信託が良い
> 　①株式 or 株式投資信託 → ②不動産 or 債券

●実物資産の株式から米国株式市場を選ぶ

　次に、株式や株式投資信託の投資対象の国や地域の順番について考えたいと思います。国地域別にいくつかの項目で分析してどの国・地域の株式を選ぶかを見ると、**米国株式市場に投資対象の魅力がある**と考えます。

米国は経済大国として成長し続けています。その人口は3億人以上、移民や新生児で年々0.6%前後人口が増え続けています。それを背景に労働生産性が増えて、消費量も増え続けています。政治・経済・軍事の面で、世界のNo.1に君臨しています。**No.1国家の法定通貨である米国ドルは、国際取引や国際貿易の決済通貨において高い信用性と強さを持っています。**

　また、国家として投資家保護の法律がしっかりと整備されています。中国やインド、他新興国はその点、発展の途上といえます。お金を増やすための投資対象国は米国、そして債券や不動産でなく、米国株式を選択するべきです。

国地域別／株式市場	人口※ （経済規模）	人口増減 （経済規模の見通し）	法定通貨 （決済通貨の力）
アメリカ	3億2900万人	↑	◎
日本	1億2600万人	↓	○
欧州（EU）	4億4700万人	→	△ ×
中国	14億3300万人	↑	△ ×
インド	13億6600万人	↑	△ ×
ASEAN （東南アジア諸国連合10か国）	6億5000万人	↑	△ ×
BRICs （ブラジル、ロシア、インド、中国、南アフリカ）	32億1400万人	↑	△ ×
ロシア	1億4500万人	→	△ ×
中東・アフリカ地域	16億2000万人	↑	△ ×
全世界株式指数	77億9400万人	↑	―

※参考：外務省HP（https://www.mofa.go.jp/mofaj/kids/ranking/jinko_o.html）

さらに言えば、個別銘柄への投資でなく個別の銘柄が多く含まれ分散された、米国株式インデックス投資信託が良いです。それによりリスクを安定化し、かつ収益を上げていくことができます。

米国株式インデックスの中でもとりわけおススメなのがS&P500インデックスです。これは過去50年以上の実績があり、世界中の投資家により取引されています。

長期の運用実績は**年率およそ10%**です。手数料の安いインデックス型投資信託なら日本にいながら資産運用が可能です。

次の項で米国株式インデックス・S&P500インデックス投資の魅力について見ていきたいと思います。

株式市場歴史	代表的な企業の世界規模における事業化	政治／社会の安定性	監督官庁	法整備（運用報告体制）	世界中の投資家の株式市場参加（流動性・換金性）	株式市場の選択肢の順番
◎	◎	○	◎	◎	◎	①
○	○	○	○	○	○	②
○	○	△	△	○	○	⑦⑧⑨⑩
△	△	○	△×	△	△×	⑤⑥
△	△	△	△×	△	△×	⑤⑥
△	△	△	△×	△	△×	④
△×	△	△	△×	△	△	⑦⑧⑨⑩
△×	×	○	△×	△	△×	⑦⑧⑨⑩
△×	×	△	△×	△	△×	⑦⑧⑨⑩
△	○	—	—		○	③

国立社会保障・人口問題研究所 HP（https://www.mofa.go.jp/mofaj/kids/ranking/jinko_o.html）

PART 1-2
米国株 S&P500 インデックス投資とは

●選択肢から絞り込んだ結果として米国株式

実物資産と金融資産の中から、実物資産。

実物資産の中から、株式。

株式の中から、米国株式。

数ある投資商品のなかで、米国株式への投資が最適な選択なのです。S&P500 インデックスは、米国株式 500 社を組み入れた指数です。日本人には、ニューヨークダウ指数に比べてやや馴染みがないかもしれません。しかし米国人には、米国の代表的な株式インデックスと理解されています。

引用：Yahoo! ファイナンス．https://finance.yahoo.co.jp (2021-07-12)

S&P500社の時価総額は、米国全体の株式の時価総額の80%をカバーするといわれます。（米国株式全体のおよそ80％＝S&P500の500社）

● S&P500の構成銘柄（会社）とは？

　S&P500が、どのような会社で構成されているか見てみましょう。

　Wikipedia の『List of S&P 500 companies』（https://en.wikipedia.org/wiki/List_of_S%26P_500_companies）を参考に、各項目の内容を見てみたいと思います。次の紹介する項目が理解できれば、S&P500を構成する銘柄がなんとなくイメージできるかと思います。

- Symbol（当該会社名をアルファベットで簡略的に表記したもの）
- Security（証券名、会社名）
- SEC filings（米国証券取引委員会に提出する財務諸表等）
- GICS Sector（世界産業分類基準の産業分類に属するか）
- GICS Sub-Industry（GICS Sectorの小分類）
- Headquarters Location（本社所在地）
- Date first-added（最初にS&Pに追加された日付）
- CIK（米国証券取引委員会によるCentral Index Key セントラルインデックスキーコード）
- Founded（会社の設立年）

S&P500 component stocks

Symbol	Security	SECfilings	Headquartes Location	Headquartes Location
AAPL	Apple	Reports	Information Technology	Technology Hardware, Storage & Peripherals
GOOGL	Alphabet (Class A)	Reports	Communiacation Services	Interactive Media & Services
FB	Facebook	Reports	Communication Services	Interactive Media & Service
AMZN	Amazon	Reports	Consumer Discretionary	Internet & Direct Marketing Retail

　S&P500 の銘柄（会社）を見てみると、日本人にも馴染みのある会社が多いと思います。

　AAPL ⇒ Apple Inc.（アップル社）
　BAC ⇒ Bank of America Corp.（バンク・オブアメリカ）
　BRK.B ⇒ Berkshire Hathaway（バークシャー・ハサウェイ）
　BA ⇒ Boeing Company（ボーイング社）
　CVX ⇒ Chevron Corp.（シェブロン）
　CSCO ⇒ Cisco Systems（シスコシステムズ）
　C ⇒ Citigroup Inc.（シティグループ）
　KO ⇒ Coca-Cola Company（コカ・コーラ）

　S&P500 は 1957 年に株価指数として採用されてから現在に至るまで、随時銘柄の見直しが行われています。米国経済のトレンドを把握するには最適なインデックスなのです。

Headquartes Location	Date first added	CIK	Founded
Cupertino, California	1982-11-30	0000320193	1977
Mountain View, California	2014-04-03	0001652044	1998
Menlo Park, California	2013-12-23	0001326801	2004
Seattle, Washington	2005-11-18	0001018724	1994

引用：wikipedia, 『List of S&P 500 companies』(2021-07-11)

● S&P500 を持つ ＝ 米国全体を持つ

　S&P500 を持つことは、米国全体を持つイメージです。時価総額で調整した平均値ですが、計算方法の詳細はあまり重要ではないと思います。単純に 500 社の平均値と考えて良いと思います。

　もちろん、アマゾンや Facebook、Appple などの個別株式へ投資することも可能です。しかし、個別株式への投資は、一定以上の知識や経験が求められます。対象の企業の業績の推移に依存する側面があります。

　個別銘柄への投資は、業績が急成長すれば配当金や株価上昇の恩恵を受ける可能性がある反面、業績悪化や倒産などで、多くの投資元本を失う可能性があります。その時は業績が良い企

業であっても、リーマンショックなど短期的な市場の下落の影響は免れません。

　個別株式の１年あたりのブレ幅は、プラス20％からマイナスが20％の間となる可能性が約66％、プラス40％からマイナス40％となる可能性が95％超といわれます。資産運用においてこのブレは幅はリスクの裏返しです。

　個別銘柄の中には、市場の平均である株式インデックスを上回る可能性がある一方で、資金を失う可能性もあります。企業業績、株価純資産倍率、決算分析、新商品、業界分析、為替の動向、経営陣など、必要な分析項目は多岐にわたります。
　株式ファンドマネージャーでも予想と反する方向に行き、資産を減らすことは多々あります。

　資産運用の初心者にとって、個別銘柄の投資は中級から上級者向けといえます。**個別銘柄よりも株式インデックスが初級者向けです。S&P500のような米国株式インデックスから始めることがお金を増やすために有望です。**

●ポイント
- 個別株式＜株式インデックス
- 個別株式のリスク ＝ 上昇と下落のブレ幅
- 個別銘柄の価格変動の要因は多岐にわたる

●投資信託を持つ ＝ 経済全体を持つ

　一般的に投資の初級者には投資信託が良いといわれます。投資信託は数十から数百の個別の株式や債券、不動産などを組み入れている金融商品のため、個別の銘柄の金額変動リスクを分散することができるからです。

　投資信託を保有することで、株式インデックスを保有することが可能です。**投資信託を保有すること、ブレ幅をできるだけ抑えて、かつリターンを得ることができます**。個別銘柄を複数組み入れたパッケージ商品の投資信託や、上場した投資信託であるETF（Exchange Traded Funds）があります。

● S&P500 インデックス投資信託を持つこと

　米国株 S&P500 の投資信託を購入することで、世界を代表する米国株式 500 社の業績の成長の恩恵を受けることができるのです。

　例えば、コロナワクチン開発で世界の期待を担うファイザー社も入っています。S&P500 の投資信託か ETF（上場投資信託）へ投資することで、年率およそ 10% の期待値で、お金を増やし、育てていくことができます。

　一方で、ETF は売買のタイミングを考える必要がある点がメリットでもあり、デメリットでもあります。投資信託かETF か迷った場合は、投資信託で良いと思います

S&P500 以外にも、ニューヨークダウやナスダック、ラッセル 2000 の株式インデックスがありますが、株価指数インデックスの中の優先度を考えると、米国人が標準的な指数と考える S&P500 で良いと思います。S&P500 で資産を増やし始めた後に、他の株式指数を保有すると良いでしょう。

```
◉ポイント
• S&P500 が最初の選択肢として有望
• 「S&P500 を持つ」ことは「米国を持つ」こと
• 投資信託か ETF かで迷ったら投資信託
```

●「すべてのお金を S&P500 へ投入する」という
　意味ではありません

本書では、7 年ないし 10 年以上の長期の資産運用目的に、米国株 S&P500 インデックス投資の良さをシェアしています。**長期で S&P500 インデックス運用すれば年率 10％前後のリターンが期待されます。**

これを聞いて、すべての資金を投資すると解釈される方もいらっしゃるかもしれません。お金とは便利な「道具」であり、資産運用は、「お金の置き場所を選ぶこと」です。毎月の生活費などへのお金の置き場所も同時に考えておく必要があります。

ゆうちょ銀行や普通銀行の普通預金口座を生活資金として

活用します。けがや失業などに備えて、月の生活費の3か月分〜6か月分、月あたり20万円の生活費がかかる家族は、60万円〜120万円の預金を確保することが、緊急資金源として必要になります。

　緊急の資金源があれば、ケガから回復することも、失業から次の職を得る準備の時間を得ることができます。**すべて米国株S&P500インデックスに投資することは、賢い「道具の置き方」とはいえません。**

　お金を色付けて分けて管理するイメージで、3か月〜6か月以内のお金（赤色）、6か月〜7年以内に活用するお金（黄色）、7年以上先の目的達成のためのお金（緑色）、と時間軸とリンクさせて、考えて整理すると比較的わかりやすいと思います。
　目的と置き場所を混同して、過度なリターンを狙うなど、**自分の資金の一点集中は、望ましい結果を得ることを難しくします。**

　一方で、前述した通り、米国株式投資インデックス信託に投資することで、年率10%前後のリターンが期待できます。

　米国の株式インデックスの代表格のS&P500インデックスに組み入れられている500社は世界的に事業を展開している会社が多くあります。S&P500社に自分のお金を入れることで、日本にいながら、日本語しかわからなくても、米国株式の世界各地の事業展開による、企業収益や成長、株価上昇や配当金な

どの恩恵を享受し、自分のお金を増やしていくことができます。英語のスキルや個別企業の業績を深く理解する必要はありません。安心して実践したいものです。

●資産運用は出口を見定める

　ニューヨークダウ、ナスダック、ラッセル 2000 との比較などを含めて、S&P500 への投資をはじめるには、NISA（少額投資非課税制度）や iDeCo（個人型確拠出年金）の口座を有効に活用することが望ましいです。NISA や iDeCo には税制の優遇があるのが主な理由です。税制の優遇があることで、複利効果のメリットを享受して資産運用を行うことができます。

　資産運用においては、**時間軸を捉える**ことが非常に重要です。資産運用を始めて（入口）、いつ頃換金するのか（出口）を計画しておく必要があります。
　1 年後に換金をする目的で、1 年の銀行の定期預金を選ぶ場合があります。3 年後に換金するために、同様に定期預金を選ぶ場合もあります。

　30 歳の方で、引退の希望年齢を 65 歳とすると、35 年後の出口を目指した資産運用の期間となります。資産運用には、時間の長さ、資産運用の期間を考える必要があります。同期間によって、リスクとリターンの異なる金融商品を、賢く選択する必要があります。

本書で紹介している米国株式 S&P500 インデックス投資は、長期の資産運用の際に選ぶべき商品です。長期を想定していますので、具体的な投資期間として、**7 年以上の時間軸を考えましょう**。

　7 年間の基本軸を捉えたら、基本的に長期保有として売却しません。有価証券市場による影響で、資産運用の資金の時価は上下動することは当然です。慌てて売却してはいけません。

　自分の活用しない資金枠を定めて、その資金で米国株 S&P500 投資を実践すると、**7 年後には大きく資産が増えていることに気づくでしょう**。

PART 1-3
不安な方のためにおススメの始め方

●「実践」と「不安」は分けて考える

　資産運用の実践を行う入口の前に、「不安」があるかもしれません。
　先々のお金のことについて不安な方は多いと思います。しかし、「何が不安ですか？」「どのような点がネックですか？」と質問しても、不安の中身をはっきりと理解している方はむしろまれです。不安な部分がわからない（わからないことがわからない）方が大半かと思います。

両親や学校、友人や恩師から、お金について体系的に学んだ人は多くないと思います。不安の中身や詳細を理解しておらず、言語化できない、「わからないことがわからない」状況といえます。その状況は資産運用に対して、「無理ではないか」、「自分には難しいのではないか」、と自分の不安を加速させているのです。

考え方を変えて、**「不安だからこそお金を増やす資産運用を実践する」**と考えましょう。お金で不安を抱えているからこそ、資産運用を「将来何か起こったときの備え」であると考えて、実践していくことが重要です。

不安を持ちながらも資産を運することは充分に可能です。

物事を習得するプロセスとして、初級、中級、上級、それぞれの段階で不安を感じると思います。不安をゼロにしなくても大丈夫。資産運用を理解して、実践していくことができます。本書では、特にこんな始め方が良いのではないかと、具体的な例を挙げていきます。

●資産運用を始めた後の「不安」

不安の原因を知らない人は、資産運用を始めた後も、きっと同じ不安に苛まれ続けることになるでしょう。株式市場の大幅な下落や友人や家族のネガティブな意見を耳にして、資産運用

に消極的になってしまう方もいるようです。

お金を増やす過程で遭遇するネガティブな場面をどのように考えるのか、事前に理解しておくことが大切です。

株式市場が大きく下落する場合は、株価が割安であると捉えることができます。しかし、**米国株式は長期で価格が上昇し続けています。**
7年以上の長期投資の実践の上で、株式市場の下落は、むしろ絶好の買い場と捉えることができます。

米国株式市場は、7年以上の継続保有の過去の実績は、ほぼプラス圏内に推移しています。10年以上、15年以上ではその傾向がより強まります。今後も必ずそうなるという保証はありませんが、長期保有は、自分のお金を増やし育てるための有望な方法です。

●人生のライフイベントと、資産運用の実践と継続

人生の中では、必ずどこかでライフイベント＝「変化の時」が訪れる場面があります。自身や家族の状況の変化であり、就職、転職、結婚、住居の購入などがあるかもしれません。ライフイベントが起きたときは、資産運用を改めて考える良い機会なのです。
株式市場が大きく下落した際は、穏やかな気持ちを保つのは

簡単ではないでしょう。株式市場の下落について、いくつかの考え方や対応方法を理解しておけば、それらを受け入れ、乗り越えることができます。

　米国株式市場の過去の推移を見たとき、株式市場の下落も長期7年以上で見ると、上昇に転じるケースがほとんどです。

　米国株式市場が下落したときは、むしろ絶好の買い時なのです。本書では、時間を分散することでリスクを低減させるドルコスト平均法も紹介していきます。また、資産運用で避けては通れないのが「課税」です。引退資金など長期の目標では税制優遇の口座である、NISA や iDeCo の活用も良いでしょう。

●「階段を上る」イメージで進む

　資産運用も仕事や勉強と同じで、基本的なことを学び、忘却し、そしてまた学んでいきます。

　忘却しながらも、少しずつ理解を深め実践を積むことで身に着けていく必要があります。階段を上るイメージです。中級者、上級者になった自分の姿を想像して、ワクワクしながら進んでいきましょう。

　初級から学び、少しずつステップアップしていくことは「王道」ですが、地味な学習が不可欠です。
　時にワクワク感は最初の一歩を踏み出す推進力になります。

苦しいときでも「楽しみ」というスパイスを加えてくれますので。自分を励ましながら進んでいきましょう。

　私自身、東京都杉並区生まれのごく普通の日本人です。多くの方と同じように、両親にも学校教育でもお金について教えられてきませんでした。

　資産運用の特別の教育を受けたわけでもありません。しかし、社会人になり、20年以上お金や資産運用、企業年金に関係する業務に従事する中で、お金や資産運用に関することを現場で学び、感じてきました。それらの経験や知識を、大切な人と共有したいと考えています。

●お金や資産運用の基礎的な知識を共有する

　私は20年のキャリアを経て、これまでなぜ資産運用について誰からも教えられることがなかったのか、疑問を持つようになりました。

　これからは、これまでの自分の経験や知識を、お世話になってきた多くの方に還元していきたいと思っています。コロナ禍でひっ迫する経済や歯止めのかからない高齢化社会に頭を抱える日本社会に、少しでも貢献していきたいのです。

　日本の課題の一つである基礎的な資産運用の教育・啓蒙が足りなかったことへの埋め合わせとして、本書が皆さんの不安の

解消などのお役に立てれば幸いです。

　わかりやすく語り掛けるように解説していきます。
　本書を何回も読み返して、読み返したときにもわかりやすく
理解できるよう、思いを込めて進めていきます。過度な不安や
心配は必要ありません。大丈夫です。皆さんと一緒に資産運用
を考えていきたいと思います。

　本書を読んで、今後のライフイベント（結婚、転職、住居の
購入、お子様の誕生など）の際にも何度か読み直して、皆さん
の資産運用への不安を解消して、お金を増やす一助になれば幸
いです。

　一緒に、お金と資産運用についての学びと実践を進めていき
ましょう。どうぞよろしくお願いいたします。

第2章

米国株式S&P500 インデックス投資が 注目される理由とは？

PART 2-1
経済大国米国に投資するメリット

●経済大国としての米国

　米国は世界をリードする経済大国です。自分のお金を増やすために、経済の成長力を持った国・地域の、いわば肥沃な土壌の上で育てることがポイントです。

　経済大国である米国を、資産運用の土壌としていくつかの側面から分析してみましょう。

●経済を測る尺度としての人口

　米国は経済大国であり、そして経済力を測る重要な尺度の一つにGDPがあります。GDPは国内総生産、国の生産量を表したものです。もっとシンプルにいうと、経済は人口規模と人口の見通しに比例するといえます。

　人口規模と今後の人口増減の見通しから、その国家の経済をある程度捉えることができます。例えば人口が多い国家は、労働の生産量も多くなります。1億人の国家の労働生産量は、1千万人の国家のそれより多くなります。

　10億人の国家は、1億人の国家より労働生産量は多くなり

ます。労働の生産物としての質もあるかもしれませんが、量を凌駕することは容易でありません。

　人口が多ければ、消費量も比例して増加します。食料、家電製品、自動車、家、保険、金融商品など多くのモノやサービスが消費されます。簡単に例えると、100人が参加する夏のお祭りの、たこ焼き屋より、1万人来客のあるお祭りのたこ焼き屋の方が、間違いなく売上が大きくるのです。

　人口規模は見込みのお客さんの数ともいえます。経済の中のあらゆるモノやサービスは大きな消費のある場所、市場で商売を行った方が有利と言えます。
　国家全体の消費も国家の人口に比例します。米国の人口は3億3千万人、日本の人口は1億2千万人、3倍弱の消費量のある市場といえます。

　米国の人口は、毎年0.6％程度増加していると言われます。日本は徐々に人口が減っていく見通しから、**日本市場よりも米国市場に魅力があることは明らかです。**

　自分のお金を増やし育てるための資産運用で、生産量と消費量が増える見通しの市場、人口が増えていく見通しの国家（お金の置き場所）を選びたいものです。米国は、お金の置き場所として有望な市場となります。

●物価上昇と資産運用について

お金の置き場所を考える上で、モノやサービスの値段の見通しである物価上昇（インフレ）を考えることも重要なポイントです。

インフレーションとは単純にいえば、モノやサービスの値段が上がっていくことです。米国は毎年4％前後のインフレが起きているといわれます。例えば、米国の大学の学費は7％前後の上昇が見られるそうですが、一方の日本は0.5％前後と言われます。仮に物やサービスの値段が4％上がっていく場合、4％以上利回りが期待できない金融商品の場合、お金の価値が目減りしていくことになります。

例えば、米国の銀行で年間1％の利回りのつく銀行預金口座で100ドルが翌年101ドルとなっても、モノの値段が100ドルで購入できたものが104ドルの値段となった場合、101ドルで購入できません。

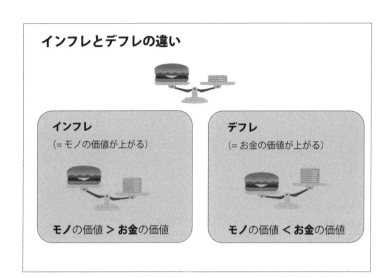

インフレとデフレの違い

インフレ	デフレ
（＝モノの価値が上がる）	（＝お金の価値が上がる）
モノの価値 ＞ **お金**の価値	**モノ**の価値 ＜ **お金**の価値

　つまり、お金の価値は数字の比較だけでなく、世の中の物やサービスの値段の変更率と比較することが大切です。

　日本の場合は20年以上デフレ社会が続いているといわれています。100円ショップが増え、企業の給与が据え置きされている（または減額されている）ことからもわかります。

　仮に日本のコアCPI指数（消費者物価指数から価格変動の大きいエネルギーや食品を除いたもの）にて、前年対比約0.5％前後の物価上昇があるとします。日本の多くの銀行の普通預金や定期預金はそれを下回っていることから、普通預金で0.01％の利回りを得ても、0.5 － 0.01 ＝ 0.49％物価上昇率を下回っています。

　すべてのお金を、インフレ率を下回る普通預金口座に置いた

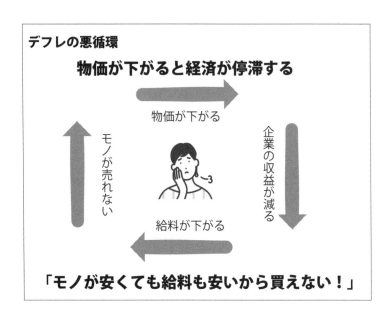

デフレの悪循環

物価が下がると経済が停滞する

物価が下がる

モノが売れない

企業の収益が減る

給料が下がる

「モノが安くても給料も安いから買えない！」

場合、実質のお金の価値を減らすことになります。お金の価値を減らさない、別の資産運用を考える必要があります。

　米国の500社の株価指数平均である**S&P500は、年率平均10％前後**といわれており、インフレの対策としての「資産運用」（お金の置き場所）として有力な選択肢といえます。

　お金を増やすということは単に数字を増やすことだけでなく、世の中の値段の上昇のインフレを上回ることだと理解する必要があります。
　世の中の議論としてインフレは物価上昇率と認識とされていますが、それでは不十分でインフレ率と自分のお金の変更率を比べてみることが必要でしょう。

●国家の発行する通貨・法定通貨

　次に国の通貨の強さと法定通貨について考えてみたいと思います。世界の基軸通貨としての米国ドルとはどのような位置づけなのでしょうか？

　米国ドルは国際決済通貨として強さを持っています。日本円も安定している通貨ですが、米国ドルの強さには劣っているといえます。

　米国ドルは国際商品取引の基軸通貨で決済に高い信用性を持ちます。米国ドル以上に信用性のある法定通貨は現在ありません。日本円、ユーロ、中国元、英国ポンドは、それぞれの国や地域での法定通貨であり、国際市場で相応の信用性がありますが、米国ドルにはそれ以上の高い信用性があります。

　法定通貨として米国ドルは強い力をもち、その強さは国際取引の強さ、ひいては国の強弱にも波及していきます。

　繰り返しになりますが、私たちは日本に生活しながらも、米国株 S&P500 に投資することで、米国経済の強さの恩恵を得る

ことができます。私たちのお金は力強く成長していきます。

●肥沃な地域でお金を育てる

前述した通り、成長力のある国や地域・土壌を選び、その場所でお金を育てることが重要です。具体的な方法として、それらの国や地域の株式、不動産で資産運用を行うということになります。

国土や人口規模、経済力の強さで米国ほどお金の置き場所に相応しい場所はありません。、また、米国には世界有数の頭脳が集積しています。S&P500 は、そんな米国企業がパッケージ化されている世界有数のインデックスなのです。

S&P500 は、米国株式 500 社を組み入れた平均株価指数です。**S&P500 を通じて、肥沃な米国経済をさらに理解することもできます。**

◉**ポイント**
・資産運用＝自分のお金の置き場所を選ぶこと
・自分のお金が成長する肥沃な畑（場所）としての米国
・米国経済を S&P500 を通じて理解する

PART 2-2
10年以上長期的に見て上昇し続ける株式市場

● S&P500を10年以上保有すると
ほぼプラスに推移している

　米国の株式市場において10年以上株式を保有した場合、ほぼ例外なしに上昇の傾向が見て取れます。

　1987年のブラックマンデー、1991年の湾岸戦争、2000年の同時多発テロ、2008年リーマンショック、2020年のコロナショックなど地政学的な出来事で、株式市場は一旦大きく下落することがありました。2020年3月以降のコロナ禍では、米国株式は20～30%前後下落しました。

　しかし米国の中央銀行がコロナ禍の対策として、市中の貨幣供給量を増やす金融緩和政策を実施しました。株式市場もすぐにコロナ禍前の水準まで回復しました。

　日本の株式市場も同様に日経平均3万円近くまで回復してきていますが（2021年7月時点）、1989年大納会の4万円弱の水準ほどではありません。1年、3年、5年の短期中期的に、また7年、10年以上の長期的にも米国株式市場は右肩上がりに推移しています。

　もちろん今後の株式市場の見通しは絶対上がるとはいえませんが、中長期的な水準の推移と経済の力強さは米国株式市場を選択する十分な理由となります。

本書では投資の期間として、10年以上ないしは7年以上の長期間の資産運用を目安と考えています。米国株式市場で7年経過すると、資産が増えていることを実感すると思います。

◉ポイント
- S&P500を10年以上保有すると、米国株式市場はほぼプラスに推移している
- 10年以上（7年以上）米国株式市場に投資する

●株式投資は中・長期で運用していくのが鉄則

　何度も繰り返しますが、数ある金融商品の中でも、「株式」は選択肢の上位にあるといえます。国・地域別に見ると、特に米国は人口と、経済規模、経済規模の見通し、法定通貨の強さでやはり選択肢の最上位に来ます。米国の経済を株式市場の推移から見るとその強さがさらに見て取れます。

　資産運用は、国別・地域別、投資対象の資産別で考えることができる他に、「保有する期間(時間)」で考えることができます。

　資産運用と聞くと、1日の短期の時間に売買をするデイトレードをイメージする方もいると思います。移動平均線など分析し、強気相場や弱気相場を判断して、売りや買いのポジションを変えて、収益を狙うデイトレードはあります。しかし、それは資産運用の一つの方法にすぎません。

実際は資産運用を、短期間、中期間、長期間で保有するなどいくつかに分類することができます。おおよその目安は、長期間は 10 年以上、中期間は 3 年～ 10 年未満、短期間は現在～ 3 年未満の期間と理解すれば良いでしょう。短い時間で売り買いの判断をするデイトレードはむしろまれなケースです。

●ポイント
• 資産運用は、超短期のデイトレードではない
• 資産運用には「保有する期間（時間）」があり、
　一般に長期間（10 年以上）の資産運用でお金を
　増やす考えが重要

●他人からのネガティブな意見という異質な不安

　株式市場の大幅な下落のときに、友人知人、家族からネガティブなことを言われると思います。

　ドリームキラー的ネガティブな意見をもらっても、「それはそれ」です。**ネガティブな意見と、米国経済、米国株式市場の力強さや見通しは別の話です**。自分のお金の不安を解消する、お金を増やす、育てる目的から、あらかじめどのような障害やネガティブ意見を被るか予想しておくと良いでしょう。
　本書では表現を変えて何度かこの点を述べていきたいと思います。「石の上にも 3 年」という言葉がありますが、「お金」や「資産運用」の場合、「米国株式市場、石の上に 10 年（7 年

以上)」と推奨します。

◉ポイント
- 投資にはネガティブな意見が付きものだと割り切ること
  が重要
- 米国株式は長期で保有するのが望ましい

PART 2-3
代表的な株価指数インデックスとは？

●個別銘柄を保有すること VS 株価指数を保有すること

　米国には多くの企業が存在します。個々の企業の株を購入することはできます。しかし、**個別銘柄を保有することは大きなリスクを抱えることでもあります**。年率でプラスマイナス20％、場合によってはそれ以上のブレ幅となります。

　先に述べた通り、**インデックス投資は、複数の企業の株式をパッケージ化して保有することができます**。その具体的な方法が投資信託です。投資信託は個別銘柄を保有するよりも、相場変動のリスクを抑えることができます。

　また、投資信託にはいくつかの種類があります。一般的には、指数（インデックス）を保有するインデックス運用と、インデックスを上回ることを目標に運用するアクティブ運用があります。

◎**ポイント**
- 個別銘柄の株式を保有することはリスクが高い
- 初心者は複数の企業の株式に投資できる投資信託が
おススメ

●株価指数インデックス ＝ 平均株価指数

　株価指数インデックスとは、わかりやすくいえば数十〜数百
以上の株価の平均株価となります。日本では、日経平均株価指
数、東証株価指数（TOPIX）、東証マザーズ株価指数などがあ
ります。ニュースやテレビで日経平均株価という名称をよく耳
にすると思います。これは225社の平均株価指数となります。
　株価指数インデックスの比率は時価総額の株価と発行株式
数で調整されます。株価指数インデックスとは、平均株価指数
であると理解しましょう。
　TOPIXの場合、東証一部上場の2000社以上の平均株価と
理解できます。諸外国も同様に様々な株価指数インデックスが
あります。

●インデックス運用とアクティブ運用

　インデックス運用は、株式や債券などの有価証券の市場イン
デックスと連動する運用となります。インデックス運用は、パッ

シブ運用とも呼ばれます。有価証券の市場のインデックスとは、市場の動向を表す指標であり、代表的な銘柄の時価構成を反映した平均インデックスともいえます。

　米国株式インデックスの、ニューヨークダウ指数インデックス、S&P500インデックス、ナスダックインデックス、日本の日経平均株価、東証株価指数（TOPIX）などはその国の経済の動きを捉える上で非常に重要な情報です。ニューヨークダウや日経平均株価は、前者が30銘柄、後者が225銘柄の限られた銘柄の株価の平均指数で歴史もあります。

　パッシブ運用の際の市場インデックスとしては、S&P500やTOPIXが用いられています。

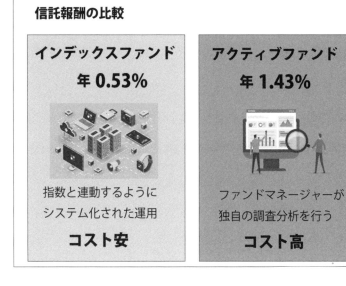

市場インデックスに連動するパッシブ運用は、一般に個別の運用機関や、運用担当者、ファンドマネージャーの運用の巧拙を比較的回避できるといわれます。月に1回のインデックスに合わせる機械的な組み入れ調整を行うなど、アクティブ運用に比べて、手数料が安くなる傾向があります。

　公的な年金制度の運用管理者などは、提示されるインデックス運用と市場インデックスとの乖離の度合い（トラッキングエラー）を管理する必要があります。

　アクティブ運用は、市場のインデックスを上回ることを目標として、超過収益率の獲得を目指します。特定の銘柄や業種へのウエイトを調整して、運用担当者・ファンドマネージャーが運用しますが、必ずしもうまくいかないといえます。

　高度に効率的な市場は、過去の市場動向の研究や、個別銘柄の調査は、超過収益率の獲得に必ずしもつながるものではありません。
　米国の研究では、**アクティブ運用のファンドマネージャーで市場インデックスを上回る成績を上げるものは全体の3分の1以下といわれます**。連続して超過収益を上げる続けるファンドマネージャーはさらに少なくないといわれます。

　手数料という点で、アクティブ運用は、銘柄の売買のためコストがかかる傾向があります。銘柄の売買の回数が多くなると、そのコストは運用資産残高から負担されるため、超過収益率や

運用実績にマイナスに働きます。

　日本の株式の配当利回りは諸外国に比べて低いとされます。株式を保有するだけでは、利益を確保しにくい状況があります。欧米では、株式の配当利回りが高く、また将来の配当の動向が株価にも反映されます。配当による収益と株価の値上がりによる収益を総合的に判断して資産運用が行われているようです。

　本書で紹介している S&P500 インデックス投資信託は、市場インデックスに連動するパッシブ運用です。

　運用コストはアクティブ運用より安く、市場インデックスS&P500 自体の長期運用における成長が期待されます。運用コストの安さは、引退資金の形成などの7年以上先の長期の資産運用において、力を発揮してきます。

　市場インデックス運用と超過収益を狙うアクティブ運用の順番としては、①市場インデックス運用（パッシブ運用）、②アクティブ運用の順番となります。

●ポイント
・①市場インデックス運用
・②アクティブ運用
・資産運用をこれから始める方、始めてからまだ数年という方には、① → ②の実践の順番がよい

●米国の代表的な株価インデックス

　米国株式の代表的な指数インデックスは、ニューヨークダウ、S&P500、ナスダックの三つとなります。

　ニューヨークダウはニューヨーク証券取引所30社の平均株価、ナスダックはハイテク銘柄など1000社以上の平均株価、S&P500は500社の平均株価となります。

　SP500にはニューヨークダウやナスダックの構成銘柄と重複する銘柄もあります。S&P500は米国人が理解する一般的な標準的な株価指数となります。米国の全会社の時価総額の80％をカバーすると言われます。S&P500を持つことで、米国全体の会社の80％を保有することができることから、米国全体を保有できるイメージかと思います。

●全世界で事業展開、経済活動するS&P500社

　世界展開している企業をS&P500を通じて保有することで、企業収益や成長の恩恵を受けることができます。企業収益や成長の恩恵は通常は株価の上昇などに反映されていきますので、皆さんのお金を育てていくことができます。

　米国の株式を通じて、世界経済の成長の恩恵を受けることができます。米国の株式を保有して、世界経済の恩恵を受けることで、自分のお金を大きく育てることができます。選択をしない理由はありません。

PART 2-4
米国株式に投資することが世界経済に投資することに なる理由

●米国企業の事業範囲は全世界？

　米国企業の多くは米国だけでなく、世界で事業を展開してい ます。アマゾン、Facebook、Apple は日本でも利用者が多 くいます。コカ・コーラも世界的に有名な企業の一つです。

　コロナ禍では、家庭で映画やゲームを楽しむ際もコカ・コー ラは消費されているようです。また、アメリカン・エキスプレ スなどのクレジットカードも米国に限らず、日本など全世界で 使われています。食料品など安価に購入することができるコス トコも日本などでの事業展開が見られます。

　コロナワクチンで世界の期待を担うファイザーも米国の企 業ですが、世界で事業を展開しています。つまり、米国の企業 といっても米国はもとより事業範囲は日本、アジア、欧州など 世界で事業を展開している企業が多くあります。

特にS&P500に含まれる会社である上記の米国の会社、ア
マゾン、Facebook、Apple、コカ・コーラ、アメリカン・エキ
スプレス、ファイザー他、ほとんどの企業の事業が世界展開し
ています。

●米国の金融緩和政策

　経済対策は、各国の中央銀行が主導して実施されます。景
気が悪化したときは、市中の貨幣供給量を増やして、設備投
資や雇用、給与増加を促すような政策がとられます。足元の
コロナショックで、米国の中央銀行のFRB（Federal Reserve
Board）は200兆円という大幅な金融緩和政策にかじを取りま
した。

　米国のみならず、コロナショックから経済を回復させるため
に、各国の中央銀行でも同様の政策がとられています。逆に景
気が過熱した際は、物の値段が上昇しインフレが起き、株価も
本来の理論株価より上値圏内に上昇し、経済は過熱します。過

アメリカ 2020 年～ 2021 年金融緩和政策　（推計概算・1 ドル＝110 円として計算）		
合計		（概算・円）
第 1 弾	2020 年 3 月頃	77,000,000,000,000
第 2 弾	同 3 月	33,000,000,000,000
第 3 弾	2020 年 4 月頃	253,000,000,000,000
第 4 弾	2020 年 12 月頃	13,200,000,000,000
第 5 弾	2021 年 3 月頃	209,000,000,000,000
	合計概算	585,200,000,000,000

熱しすぎた経済は一時株式市場の下落などによる調整を迎えます。

　2008年のリーマンショック時に株式市場は40％前後下落しましたが、急な下落で経済に混乱をきたすことを回避するために、中央銀行が過熱した経済の引きしめを行うことがあります。金融緩和政策と逆に、市中の貨幣供給量を少なく調整します。

　金融緩和をすべきか引きしめるべきか、複数の理事や委員で慎重に議論をして行われます。トランプ前米国大統領はTwitterなどのSNSを通じてよくコメントを発していましたが、通常は金融政策決定の会議は、大統領や内閣総理大臣、議会からの独立性が認められています。もちろん金融政策が効果をあげない可能性もあります。

　金融政策を捉えることは、足元の経済の状況を理解する参考になります。

●日本円と外貨など法定通貨を複数保有する

　法定通貨は各国の政府により造幣局のような貨幣通貨の発行権限が与えられた組織によって印刷造幣されます。日本も造幣局・国立印刷局により、硬貨や紙幣が発行されます。
　法定通貨は、為替レートにより日々変動しています。中長期的に日本の人口が緩やかに減っていくことから、経済の強さが低減していくことが予想されています。

日本円は、緩やかに円安に向かうというのが通説です。短期的な円高局面があると思いますが、10年〜20年の期間で見た場合、円安に向かうと考える専門家が多くいます。円安とは、例えば、1ドル=100円が1ドル=150円の価値になることです。

　1ドルを得るために、100円でなく、150円が必要になり、外貨との交換レートが安く（弱く）なります。100万円貯金していても、1万ドルの価値が、100万円÷150円／ドル=6,666ドルの価値になることになります。

　日本円の貯金の額面（数字）は減っていませんが、ドルの価値は、1万ドル−6,666ドル=3,333ドル減っています。日本の経済の強さは2050年前後で世界8位前後と予想する文献もありますが、日本経済の先行きに対して、必要以上に、不安を感じる必要はないと思いますが、**日本円だけを保有することがリスクであることは、きちんと理解しておく必要があると思います。**

◉ポイント
- 日本円とドルのなど法定通貨をいくつか保有するし、法定通貨を分散させる
- 一つだけの法定通貨を持つことにはリスクがある

●日本円以外に保有するべき通貨とは？

　では日本円以外に、どの通貨を保有するべきなのでしょうか？　目安となるのは、各国中央政府の外貨準備高です。

　各国の中央銀行の外貨準備高の60％は米国ドル、20％ユーロ、その他通貨10％未満とも言われます。

　国際通貨基金（IMF）発表の通貨のアロケーション（保有状況）では、IMFの約55％は米国ドル、次に20％がユーロ、中国元２％、日本円は６％、英国ポンド４％です。

　ここにも米国ドルの強さが見て取れます。法人にしても個人にしても、**法定通貨を分散して保有し、資産の減価を避けることは望ましい**といえます。私たち日本は米国の同盟国として、日本円に続いて、米国ドルは自身の資産で保有すると良いと思います。

　5%〜10%前後、自分の資産を米国ドルの 保有するのもよいと思います。**世界最強の法定通貨であるインフレ国家・米国の通貨を持つことで、デフレ国家（日本）にいながら、その成長の恩恵を受けることができます。**

◉ポイント
・米国ドルは法定通貨として世界で高い信用性がある

第3章

資産運用の順番と
米国株式について
理解する

PART 3-1
資産別に分類してみる

●資産別の分類とは？

　資産運用と一口に言っても、金融商品はさまざまです。考え方としては先に述べた通り、それぞれを小分けして考えると良いです。

　実物資産に投資するなら、株式、債券、不動産。金融資産に投資するなら、為替や暗号資産、といった具合です。

　投資信託やETFは、株式や不動産、金融資産を組み合わせた資産であり、大幅な下落が抑えられる特徴があります。資産運用の順序としては、投資信託が最初に来て、予算に合わせて、株式、債券、不動産、そして金融資産への資産運用を行うと良いと思います。

　投資信託を保有するうえで、投資先の国・地域の優先度を考えると、やはり米国が選択肢の上位に来ます。また、米国株式を個々の会社で保有するより、リスク分散の観点から米国株式投資信託の優先度が高いといえます。

　繰り返しますが、米国株式投資信託でインデックスに追従するインデックス型投資信託と、インデックスを上回ることを目標に運用するアクティブ運用とを比較すると、手数料が安価なインデックス運用から始めると良いと思います。

手数料が高いアクティブ運用は、手数料が資産から徴収され運用実績のマイナス要因となることが多いからです。資産別に見て、投資信託、そして米国株式インデックス運用、そして株式インデックスではS&P500が良く、米国株S&P500インデックス投資が推奨されます。

◉ポイント
- 資産別に分類して、選択の順番を考える
- 米国株式インデックス、S&P500は有望な選択肢である

PART 3-2
リスクとリターンから資産を捉える

●リスクについて

　リスクとはブレ幅のことです。下振れするブレ幅は資産の時価や実現損をイメージして嫌気されるかと思いますが、実際はプラスにブレることもリスクに含まれます。実物資産にしても、金融資産にしても、市場や相対で取引される中で、値段や時価は刻々と変化します。

　横ばいに推移することもありますし、上昇や下落することもあります。「日本農業新聞」には、青果市場キャベツなど野菜の値段が日々掲載されていますが、これは野菜や魚介類の市場

も同様かと思います。

　私たちは資産運用について怖いなどネガティブなイメージ
少なからず持っているためでしょうか、金融商品の実物資産や
金融資産の上下のブレ幅について、青果市場の野菜とは別の、
警戒感を抱いてしまうようです。金融商品の値段も青果市場の
野菜などと同様に上下動するのは自然なことで、そのことを理
解し受け入れても良いと思います。

**リスクは上下動のブレ幅であり、そのこと自体は怖いことで
はありません。**

◉ポイント
・資産運用におけるリスクとは上下動のブレ幅である

●リターンについて

　リターンは投資元本に、配当金や株価の上昇や下落を加えて
計算します。当然、資産運用を行う場合、リターンが大きい方
が望ましいことは言うまでもありません。

　資産ごとに過去の実績から期待されるリターンは異なると
理解すると良いでしょう。米国株式のインデックスは10年以
上保有した場合、一般に年率（1年あたり）10%前後のリター
ンといわれます。

　10年間に資産の上下動があり、10の平方根で計算するとプ

ラス 10％が平均値となります。リターンには単利と複利の考え方があって、単利は元本に対するリターン、複利は時間の経過とともに累積で乗数計算します。

例えば投資元本 1 万円・リターン 10％として考えると次のようになります。

単利： 1 年後　 1 万円 +1,000 円 = 11,000 円
　　　　 2 年後　 1 万円 +1,000 円 = 11,000 円
　　　（単利合計：11,000 円 +11,000 円 = 22,000 円）

複利： 1 年後　 1 万円 +1,000 円 = 11,000 円
　　　　 2 年後　 11,000 円 × 1.1=12,100 円
　　　（ 2 年間の複利合計：11,000 円 +12,100 円 = 23,100 円）

私たちは時間軸で生活を送っています。投資元本を 10 年間以上かけて増やして育てていくことを仮定した場合、複利計算がより実践的な考え方といえそうです。お金や資産運用の計算は難しく感じられると思いますが、実際は足し算と引き算、そして掛け算（投資元本に掛け算する単利と、投資元本にリターンを何回か掛け算する複利計算）であり、難しく考えることはありません。

◉ポイント
・リターンは複利（時間の連続性）で考える

PART 3-3
米国株は日本株や欧州株、アジア株と何が違うか?

●米国株には利点がたくさん

　これまで伝えてきた通り、米国株式は、米国という経済規模が大きく、人口増加が見込まれる市場、そして政治・経済・軍事など世界をリードする点で、他の国や地域とは異なる点があります。経済規模が大きく、人口増加による売上高などの恩恵を受けて、政治経済や軍事力の強さによる決済通貨の強さの恩恵を受けつつ、多くの企業が世界規模の事業を展開しています。

　中国やインド、新興国の成長が見込まれていますが、米国の強さは今後も少なくとも数十年は続きそうです。アジアや新興国や人口増加、経済規模の成長に勢いはありますが、証券市場の成熟度（未成熟）、法整備、証券市場の管理監督という面ではまだ発展途上です。国家体制が一党独裁の場合、国家に過度な検閲も懸念されるところです。

　資産を分散して保有するアロケーションの考え方から、米国株式や米国株式の投資信託は優先的に取り入れていくべきといえそうです。

●「真似ぶ（マネ）は、学ぶ」

どの分野でも一流の師匠に弟子入りし、その経験やノウハウを学ぶことが、一流への近道と言われます。最初から方法や実践が明確な方はいません。一流の師匠に弟子入りすることで、その方が30年かかって身に着けた見識、実力を15年で身に着けることができるかもしれません。

そういった意味で、株式投資家の超一流の方に学ぶことは意味のあることです。その中でも世界的に著名な株式投資家のウォーレンバフェットは是非、参考にすべき人物です。

ウォーレン・エドワード・バフェットは、米国で著名な投資家であり、自身の会社の経営者です。世界最大の投資持株会社であるバークシャー・ハサウェイの筆頭株主、また同社の会長兼CEOを務めています。1930年8月30日生まれですから、2021年の8月で91歳を迎えます。

同社の有価証券報告書に、株価指数S&P500とバークシャー・ハサウェイの株価の比較が掲載され、1965年から2015年までの約50年間に、S&P500の上昇率が約14,000%（140倍）、バークシャー・ハサウェイの株価は約200万%（20000倍）だったそうです。

2006年〜2020年までのバークシャー・ハサウェイと市場平均(S&P500)の年次リターンの比較においても、バークシャーがS&P500を上回っているようです。

●世界一の株式投資家ウォーレン・バフェット

　ブルームバークの記事によると、2021年3月現在で、バフェット氏の資産は10兆円を超えました。2021年8月の誕生日でバフェット氏は91歳を迎えます。バフェット氏の資産を遺族にどのように相続するのか、また相続するとしたら、どのような資産に割り振るのかも、毎年のようにバークシャーハサウェイの株主総会で質問されています。

　相続の部分は、バフェット氏の家庭の事業によりますが、10兆円の資産をどのように割り振るのが良いか（資産ポートフォリオ）の話しは興味深いと思います。バフェット氏の話しの総括では、90％はアメリカ株式S&Pインデックス投資、残りはアメリカ国債の運用が良いとのことです。

　本書でも紹介したように、経済大国であり、人口が増えていくことが予想されるアメリカ株式の500社の指数は、年率１０％の期待リターンになります。年金基金や機関投資家、個人の年金資産も投資されていることから、流動性も高く、現金化も問題なく行えます。

　遺族に投資対象として魅力的であり、資産の90％をS&P500に投資するべきとのバフェット氏の見方です。
　残り10％の国債について短期の国債を推奨しているようです。S&P500をバフェット氏が強く推奨している点は、私たちの資産運用の参考になるのではないでしょうか。

第4章

米国株式S&P500
インデックス投資を
実践する

PART4-1
投資信託とは？　ETFとは？

●投資信託とは？

　投資信託は運用委託会社、資産を受託する受託銀行、投資信託をお客さまに案内する販売会社の３社が関係しています。資産を集めて、投資対象資産に投資することで、一個人が個別の銘柄に投資するより、スケールのメリットも期待できます。

　投資信託をこれから始める方や、始めて間もない方は、投資信託について自信がない方もいると思います。投資信託について主に二つの点を理解をすれば良いと思います。

　一つは、**投資信託がどの国・地域のどの資産に投資しているのか考えること**です。
　国・地域は、世界のどの国地域（日本、米国、欧州、アジアなど）なのか？資産は、株式、債券、不動産などの実物資産か？為替、先物、暗号資産などの金融派生商品か、ということになります。
　どちらが良いか？を考えると、安全性や換金性（現金にもどす）から実物資産を選ぶと良いとみてきました。

　二つ目に、**投資信託の手数料**です。投資信託の手数料は、信託報酬としての形で、投資信託全体の預かり資産から差し引かれていきます。

信託報酬の手数料が高いと、運用実績がプラスであっても、マイナス要因となります。投資信託のアクティブ運用やインデックス運用で、**一般にインデックス運用の手数料が低い傾向があります。投資信託のビギナーの方はインデックス運用を選ぶと良いでしょう。**

　アクティブ運用は信託報酬が高く、かつインデックス運用を必ず上回る運用成績を上げるとは限りません。アクティブ運用に比べて総じて信託報酬の低い、が良いでしょう。国や地域ごとに運用パフォーマンスは大きく異なってくるので、アクティブかインデックスかを迷うより、どの国のインデックスを選ぶかを理解するべきと思います。

　消費者にとって、過去の実績が良好で、世界中の投資家が参加している国・地域の市場、資産が良いと思います。そういった意味で本書では、米国の株式市場、そして米国株式市場の代表的なインデックスのS&P500を取りあげています。S&P500が最初の選択肢としてふさわしいのではないかと思っております。

　投資信託は個別株式をいくつか集めたパッケージ商品と言えます。個別株式は、業績の予想、商品の業界内の優位性の分析、国際貿易市場や為替市場のその業界への影響、政治経済のマクロ的な影響など、分析する項目は多くあります。分析する項目の多さは、株価の影響する変動要因が多くあるということを意味します。

　株価の変動要因も、その企業の商品・サービスの優劣や、短

期的な業績、配当実施、経営陣への期待あるいは期待の反対、業界としての栄枯盛衰、法整備、国際取引市場の影響、為替市場の影響など多岐にわたります。個別銘柄に影響する要因は多岐にわたり、要因は互いに影響し合います。互いに影響しあう要因は、原因と結果の見極めと予想をとても困難にします。**よって、個別銘柄の予想は困難になります。**

しかし、複数の株価を組み入れた投資信託やETFを活用することで、大きな下落のリスクを平準化して、市場や経済の平均に近いリターンを得ることが期待されます。

◉ポイント
・投資信託は資産運用の選択肢の最上位に位置する

●投資信託における証券会社の役割

投資商品を扱っている企業には、投資信託を組成するメーカーともいえる投資信託会社、資産を保全し預かる信託銀行、そして消費者（資産運用を行う人）へ投資信託の商品説明や販売を行う金融機関の販売会社があります。販売会社には、普通銀行、地方銀行、信用金庫とならんで証券会社があります。

証券会社は伝統的な店舗を構えている伝統的な証券会社と、オンラインの証券会社に分けられます。

証券会社の本支店では、NISAやiDeCoのセミナーが開催

されています。セミナー講師が、お金と資産運用の必要性、現状のお客さまの声、NISA 制度の概要、具体的な投資信託の例などが語られています。

　公的年金制度、受給開始年齢の引下げと給付額の削減の見通し、老後資金 2000 万円問題に対する理解を深め、iDeCo の制度説明や税制優遇のメリット、口座開設の手順から商品選択に至るまで、細かい解説をしてくれる証券会社も多いです。

　伝統的な証券会社の良い点は、セミナー参加者の熱意、やる気を感じることができる、他の人の質問に学ぶことができる、自身もその場で質問することができる点かと思います。コロナ禍ですが、可能な限りそのようなセミナーに参加してみましょう。

　一方、オンライン証券会社は、オンライン上で商品提供や商品説明、口座、入金、出金など行われます。伝統的証券会社と同様に、セミナーも動画配信で行われています。伝統的な証券会社のセミナー開催や店舗の営業時間も平日の夕方や土曜開催の午前中などと開催日時の指定があります。
　オンライン証券会社のセミナーもライブ配信に加えて、アーカイブ型のものもあるようです。平日夜、自分の都合の良い時間に動画を視聴できたりする点もよいかと思います。

　オンライン証券会社と伝統的な証券会社の違いはいくつかあります。違いの 1 つとして、投資信託に関しては商品ライン

ナップと手数料に違いがあります。伝統的な証券会社の営業担当員から推奨される個別株式や投資信託の提案を受けることがあります。その際、**担当員に手数料の詳細の説明を求めると良いと思います。**

また、インデックス投資信託より手数料の高いアクティブ型の投資信託の提案を受けたら、その理由を質問しましょう。

オンラインの証券会社の自分の口座であれば、自分で手数料が低いインデックスタイプの投信信託を選ぶことができます。また、オンラインと言っても自己完結ではなくコールセンターを併設している場合も多々あるので、質問内容を明確にして、コールセンターで質問すると良いでしょう。

特に質問すべきは手数料についてです。伝統的な証券会社と

投資信託や ETF の購入を検討する際、それぞれの違いをよく把握する必要があります。2 つの違いについて、以下の比較表をみていきましょう。

確認項目	投資信託	ETF
証券市場の上場	×（非上場）	○（上場）
どの金融機関で購入できるか？	主に証券会社、オンライン証券会社、メガバンク、ゆうちょ銀行、信用金庫、地方銀行など	証券会社、オンライン証券会社
売買の価格	基準価額	市場での成行・指値の注文
信用取引	×（無）	○（有）
いつ購入できるか？	終値の基準価額	市場の取引時間の購入
購入の際の手数料	投資信託毎に販売手数料が設定	売買手数料
売却の際の手数料	投資信託によって手数料の有無	売買手数料
保有する際の手数料	信託報酬	信託報酬

オンラインの証券会社がありますが、お金や資産運用の初心者の方は、PC やスマホの操作に問題ないのであれば、オンラインの証券会社が良いかもしれません。

　オンラインの証券会社で、経済、証券、投資信託、NISA、iDeCo など資料や動画で学びを深め、無理のない範囲の金額で資産運用を実践しましょう。

　米国株 S&P500 インデックス投資信託では、7 年以上先の目的のために選ぶべき商品です。よって、全ての貯金を投入するのは望ましくありません。引退資金源など、自分の年齢とその先のゴールを意識して、収入と支出、資産運用に充てられる資金枠を決めて、米国株 S&P500 インデックス投資信託を購入しましょう。

　最近、オンライン証券会社のインデックスタイプ投資信託で、100 円から購入できる商品もよく見られます。

　少額からでも毎月継続の投資をして、7 年経過すると、元本に対してお金が増えていくことを実感できるでしょう。過去の実績でその可能性がとても高いと言えます。

◉ポイント

・オンライン証券→低コストの投資信託が多い

・伝統的な証券会社→証券会社のキャンペーン販売促進商品や、営業担当の売りたい投資信託（手数料が比較的高い）な商品の提案を受ける可能性がある

PART4-2
米国株式の主な指数インデックスとは？

●米国株は三つの指数インデックスで捉える

　米国の株式の代表的な指数インデックスは三つあります。

　ニューヨークダウ工業株指数、S&P500（米国の代表的な500社を包括、米国全体の株式の時価総額の80%をカバー）、ナスダック総合（ハイテク株式が多い）。

　日本の経済ニュース等で、昨日のニューヨークダウの動きをよく目にすると思います。

　ニューヨークダウは大型株30社の指数で、メジャーリーグ30チームに例えることができるかもしれません。ダウを米国株式の動きとして理解することも間違いでありませんが、**米国社会ではS&P500（500社の平均株価）が指標として受け入れられています**。ですので、私たちもS&P500を理解し、それに投資することで、その成長の恩恵を受けていくことができます。

◉ポイント

米国株式の主な指数インデックス
- ダウ工業株（大型株30社）
- S&P500（米国の代表的500社）
- ナスダック（ハイテクIT会社）

●ニューヨークダウ　30 社の株式インデックス

　ニューヨークダウ工業株の株価の 30 社平均です。30 社の銘柄は下記のサイトで参照できます。

　○ Wikipedia・ダウ平均株価
　　（URL：https://ja.wikipedia.org/wiki/ ダウ平均株価）

　30 社の構成銘柄は適宜見直しが行われます。日本でも事業を展開している、日本人に聞き覚えのある会社がほとんどではないでしょうか？

　ニューヨークダウを株式インデックスとして設定している投資信託もいくつかあります。繰り返しになりますが、インデックス投資信託は、アクティブ投資信託に比べて信託報酬などが安くなる傾向があります。**インデックス投資信託の中で、実績と信用のある投資信託の会社の商品を選ぶと良いでしょう。**

● S&P500　500 社の株式インデックス

　S&P500 は米国を代表する株式インデックスです。ニューヨークダウが 30 社の平均株価であることに対して、S&P500 は 500 社の平均株価です。広範囲の多くの業種の企業を含んでいます。米国全体の株式の時価総額の 80％前後カバーすると

言われます。

　ニューヨークダウやナスダック総合よりも、米国人にとっ
てより一般的な米国株式インデックスとして理解・認識され
ています。こちらをインデックス指数として設定している投
資信託もいくつかあります。

S&P500 長期のチャートが見れるサイト例
〈インベスティング・ドットコム日本版〉 https://jp.investing.com/indices/us-spx-500-historical-data
〈投資の森〉 https://nikkeiyosoku.com/spx/chart/
〈かぶれん〉 https://www.kabutore.biz/shisu/sp500.html

●ナスダック（ハイテク IT 会社）のインデックス

　ナスダック（NASDAQ）は、米国の証券市場で、現在は約 3,000
社が上場しています。

　その証券市場の株式指数は二つあります。世界の時価総額ラ
ンキングで多くの企業がランクインしており、影響力の大きい
市場です。

　ナスダックに上場している会社の約 3000 社の平均指数であ
るナスダック総合指数と、ナスダック証券市場に上場している
企業から、金融機関を除いた代表的な 100 社で構成されるナス
ダック 100 に大別できます。

世界時価総額ランキング TOP10（2021年2月末）

順位	企業名	市場	時価総額
1	アップル	ナスダック	2,039
2	サウジアラムコ	サウジ証券取引所	1,841
3	マイクロソフト	ナスダック	1,753
4	アマゾン	ナスダック	1,555
5	アルファベット	ナスダック	1,365
6	テンセント	香港証券取引所	816
7	フェイスブック	ナスダック	733
8	テスラ	ナスダック	648
9	アリババ	NYSE、香港	643
10	バークシャー・ハサウェイ	NYSE	572

（単位：$10億）

参照：https://www.bridge-salon.jp/toushi/americanmarket (2021-07-11)

●テーマ型投資信託のデメリット

　投資信託の分類として、国・地域別、資産別（株式、債券、その他資産、バランス型）を紹介しました。その他に単位型や追加型があります。さらに、投資のテーマで分類する形もあります。AIやロボティクス、環境に貢献する企業を投資信託に組み入れるなど、時代のホットなテーマを軸に会社を選ぶテーマ型があります。

　テーマ型のメリットは、数年間、時代の流れに乗って収益が期待されることです。テーマ型投資信託に組み入れた企業の株価の上昇や配当金があることで、投資信託の基準価額（価格）が上昇する期待値があります（もちろん必ず上昇するということでありません）。

一方、デメリットとして、時代とともにホットなテーマは
変遷していくということです。2020年代の前半の2021年〜
2025年に注目されたAIやロボティクスのテーマが、2026年
〜2030年、2031年〜2035年に引き続き注目され続けるかは
別の問題となります。

　将来的に、人々は現在のトレンドとは別のテーマに注目が
変化している可能性があります。つまりテーマ型の投資信託
のデメリットとして、時代の変遷により、テーマが古くなる、
廃れる、注目されなくなる可能性があります。米国株S&P500
インデックス投資の場合、**組み入れ銘柄の500社は適宜見直
されます。**

　見直されることで、時代に合わないあるいは業績が不振な
銘柄（企業）は入れ替えがされます。この点からもテーマ型
投資信託より、S&P500投資信託が魅力的です。

　長期の資産運用で、時代で注目されるテーマが移り変わっ
て いく可能性は充分あります。S&P500の銘柄は適宜入れ替
えが行われるため、**時代のテーマの変化にも対応ができる**と
思います。

◉ポイント
- テーマ型投資信託のテーマは時代の変遷とともに
  主要なテーマとならなくなる可能性がある

PART4-3
投資信託の注意点とポイント投資

●投資信託の見るべき点

　投資信託は、始める前も、始めた後も販売資料や運用レポートに多くの情報が記載されています。多くの情報の中から本当に大切な、見るべきポイントを理解することが大切です。

　繰り返しますが、見るべきポイントを一つに絞るとしたら、「手数料」です。投資信託の手数料には、信託報酬があります。信託報酬は投資信託の資産の全体から差し引かれます。

　一般的に信託報酬が高いと運用パフォーマンスにマイナスに、信託報酬が低いと運用パフォーマンスにプラスに働きます。
　自分のお金を効率よく増やすには、資産全体にかかる手数料を把握することが肝要です。

　投資信託やETFを理解して、資産運用を開始した後に、運用報告レポートを確認しましょう。運用報告レポートは証券会社の本支店などで書類を受け取ることもできます。

　電子媒体で、自分のPCやスマホで確認できます。運用報告レポートは、年間報告、月間、週間など期間別で見ることができます。定期的に運用報告レポートを確認し、資産の状況を把

握する習慣をつけておきます。

　投資信託・ETF による資産運用を始める前に確認すべきことは、投資対象の国・地域と手数料（信託報酬）であると説明しました。運用報告のレポートでも復習の意味を兼ねてその2点を確認しましょう。

●ポイント投資について

　少し話題が変わりますが、最近ポイント投資というのを耳にすることがあると思います。
　Tポイントで1株から株式投資ができたり、dポイントで100円分から株式が購入できたりするそうです。楽天ポイントも投資に活用できたり、Paypay ボーナスを利用して資産運用ができたりするそうです。

　お金や資産運用の入り口の間口を広げるという意味で、このようなポイント投資は良い部分もあると思いますが、ポイント還元率の魅力に引き寄せられた無理な支出には注意が必要かもしれません。ポイント欲しさに過剰な支出をしては、お金を増やすという資産運用の本来の目的からすると本末転倒かと思います。
　ポイント投資は、普段の日常の生活の買い物で得たポイントの範囲内で、有効に活用するのが良いと思います。

第5章

おススメの始め方、始めた後の考え方

PART 5-1　資産形成において重要な考え方とポイント

●人生のお金の流れを時間軸で考えるライフプランニング

　人生は幼年期、少年期、青年期、壮年期、中年期、高年期と
時間が流れていきます。

　幼年期、少年期は社会に養われています。青年期から中年期
は社会に奉仕する時代です。高年期は再び社会に養われる時代
となります。このような人生における時間軸を理解することが
お金の流れを理解する第一歩です。

　人生100年時代と言われている昨今、老年のライフプランニ
ングはますます重要になります。無理のない範囲で労働の収入
を得る方もいますが、多くの人は65歳で社会の第一線から退
き、公的年金を受給する期間です。中には、後進の指導や専門
分野を活かして収入を得る方もいるでしょう。

　50代、60代前半では管理職として活躍する方もいるかもし
れません。30代、40代は家庭を養うために、生活費、住居費、
養育費など、支出が多くなる時期です。

　20代は社会人となり、収入から支出を差し引いた余剰の資金
はあまり多くないかもしれません。しかし、引退の年齢である
65歳前後までには30年から40年の時間があるので、毎月5,000
円や3,000円でも自分で枠を決めて、少しずつ資産運用したい

ものです。

　まずは基礎を学ぶことが重要です。動画コンテンツで学ぶの
も良いでしょう。若年層向けのコンテンツもインターネットを
探せば見つかるでしょう。

　10代以下では、まずは人生におけるお金の流れについて触
れる機会を持つと良いと思います。ポイントは人生の終わりか
ら逆算してライフプランニングすることです。そうすることで、
資産運用の計画が立てやすく、また軌道修正が可能になります。

●目標までの道筋を細分化して考える

　目標に挑むとき、壁の高さを感じてしまい、不安になること
があります。お金や資産運用でいえば、目標金額の途中で株式
市場が大幅に下落した、友人や家族にネガティブな意見を言わ
れたなどのハードルに出会うことがあると思います。

　まずは自分の引退希望年齢を決めるのが、最初の1歩とだ
思います。65歳まで今の会社に勤めたいと思う方もいるでしょ
う。70歳までは自分の会社を経営していたいという方もいる
でしょう。中には40代、50代でアーリーリタイアを考えてい
る方もいるかもしれません。いずれにしても、引退希望年齢を
決めて、それまでにいくら資金を貯めるのか、長期的な時間の
視野に立って目標やゴールを決めることが大切です。

もしゴールまのハードルに高さを感じる場合は、目標までの道のりを小分けして考えてみてはいかがでしょうか。

　目標達成（大ゴール）までの途中に、大ゴール（引退希望）、中ゴール、小ゴールと分けて、設定しましょう。米国株S&P500投資の場合、組み入れている資産が米国株式が500社とみてきました。それら500社は経済などの影響を受けて、7年間の株価の上下動は避けられません。

　引退希望年齢の大ゴールまで、7年以上の資産運用の継続を目標にしましょう。7年未満でも3年、1年、6か月、3か月と保有のゴールを決めましょう。長いゴール達成の道筋では、**むしろ途中の株式市場の下落は、買い増しのチャンスと捉えましょう。**

　一定金額の買い付けをしていくのであれば、株式市場の下落は買い付け数量を多くする機会です。

　特に昨今の世界経済はコロナ禍からの脱出のために、米国の中央銀行であるFRBなどによる大幅な金融緩和政策がなされています。今後も株式市場上昇が上昇していく可能性は高いです。目標を小分けにして考えて、お金を増やす実践を継続しましょう。

◉ポイント
・ライフプランニングは人生の終わりから考える
・ゴールを細かく設定する

●月額給与、退職金と企業年金から考える

　若干話題は変わりますが、企業勤めの多くの人は退職金を受け取ります。退職金は、入社から在職中に、社内で賃金の後払いとして準備されます。会社の会計上は費用認識され、退職時に一時金として給付されます。

　企業年金は、入社から在職中に、社内や社外に掛け金を拠出し、積み立てが開始されます。退職時に一時金として受け取るか、退職後に有期年金（確定年金）として受け取るかを選択することになります。

　賃金から退職金「賃金→退職金」という後払いの側面と、「退職金→企業年金」という前払いの形に変化してきたと見ることもできます。

●理解するステップ

　わからないことがわからない（無知の無知）、わからないことがわかる（無知の知）、わかることがわかる（知の知）、わかることがわからない（知の無知）。お金や資産運用についても同じことがいえそうです。

　現状に、不安、不満、不足を感じないと、人は前に進まない傾向があると思います。先々のお金の不安、給与が横ばいの不

満、可処分所得の不足など、現状に、不安、不満、不足を感じないと人は前に動きません。

　動いた後に人は学びを深め、実践を経て、ようやく成功への道のりを歩んでいくのです。わかることがわからない（知の無知）は、無意識でできる状態といえると思います。
　自分がどのステップに属するのか、理解して前に進んでいくと良いと思います。

　わからないことがわからないのであれば、どの点がわからないのか、明確にしましょう。わからないことがわかっている状態であれば、それを調べましょう。指導者やメンターがいればその人に訊いてみるのもいいでしょう。わかることがわかる状態であれば、それを他の人に説明してみるのも有効です。

　人に教えることで、自身の知識や経験の理解が深まります。他の人の疑問の解決策を考えることで、新しい引き出しを増やすことができます。わかることがわからない（知の無知）状態であれば、人に伝えたり、初心者がその位置に行くまでの道筋や段取りを資料にまとめてみましょう。
　「あなただからできたのでしょう」と言われるケースもあるかもしれませんが、道筋や段取りをまとめてみることで、自身の理解を深めながら、他の人の理解と実践をサポートすることができます。

　あなたにとって当たり前のことが、これから学びに入る初心

者の方や中級者の方にとって当たり前ではないことが多くあります。人に教えることで、生徒も自分も学びを深めることができきます。

●お金と資産運用の分割、アロケーションについて

　資産運用を実践するのですが、開始した後に、今一度全体像を俯瞰する必要があると思います。

　米国株式インデックス投資信託、S&P500 が良いとしても、全財産をつぎ込む、あるいは毎月の給与のほぼすべてをそれに投資するという意味ではありません。

　月の収入が 25 万円、手取り約 20 万円、月の生活費が 15 万円として、15 万円× 3 か月〜 6 か月 = 45 万円〜 90 万円は、普通銀行などの現預金で確保しておきたいです。

　緊急資金源ともいわれますが、その財源を確保してから、3 年後〜 7 年後までのお金を増やすための目的の口座、7 年以上先の目標のためのお金を増やす目的のための口座を持つべきです。米国株 S&P500 インデックス投資は、7 年以上先の引退資金源や長期の資産運用のために用いるべき金融商品です。

　決して生活資金のすべてをつぎ込んだり、1 年後に必要な資金を入れるための商品でありません。米国株 S&P500 インデックス投資も短期的にはプラスマイナス 20% 前後上下動す

る可能性があります。7年以上保有すると、上下動を得て、プラス圏に行く可能性が高いことが過去の実績から見て取れます。

　投資の目標までの時間軸を「水平線」に例えて、「投資ホライズン」などの言い方もされます。目標に合わせて、お金を分けて管理 したいものです。月の生活費の3か月～6か月分は緊急資金源 として銀行などの現預金口座、7年以上先の長期の目的は、米 国株 S&P500 インデックス投資などで、年率10% のリターン を狙う（途中の上下動は理解してじっと保有したままにする）ことを理解することが大切です。

● 20代～40代の勤労世代の資産形成時代

　人生の時間軸の中で、特に20代～40代は働き世代ともいわれます。会社などの組織でも下積みの時代で、給与もそれほど多くありません。

　人生の時間軸で考えると、老年まで時間が10年以上あり、資産形成に適した時代といえます。

　20代の会社員は就職したばかりであまり資産運用に充てる資金がないと考えるかもしれません。引退年齢65歳前後まで最も長い時間がありますので、自分で7年間は使わない資金枠で資産運用を行いたいものです。

米国株 S&P500 インデックス投資の年率 10% で複利の運用を行った場合、お金を大きく育てていくことができます。

　仮に 25 歳で毎月 10,000 円を年率 10% で複利運用した場合、次の通りです。

- 10 年後：2,048,450 円（投資元本 1,200,000 円）
- 20 年後：7,593,688 円（同上 2,400,000 円）
- 30 年後：22,604,879 円（同上 3,600,000 円）
- 40 年後：63,240,796 円（同上 4,800,000 円）
- 45 年後：104,825,017 円（同上 5,400,000 円）

　収入を増やす考え方として、本業で昇進して基本給与を増やす、成果を上げることで賞与を増やすなどが考えられます。週休 3 日を導入する企業もあり、リモートワークが普及したことで通勤時間を自分の時間にすることで、本業に追加した収入を得ることもできると思います。

　世の中一般では、「副業」と表現されることが多いかもしれませんが、ここではあえて「複業」（本業と関連する仕事をする）と表現したいと思います。

　副業と聞いて、転売や運転手など自分の事業と直接の関連のないことをする方がいます。一方、複業は、本業に関連したシゴト、派生したシゴトになります。本業に関連したシゴトをすることで、始めやすいというメリットがあります。

例えば、会社員で、本業で管理部門の経理部に勤務しているとします。本業の経理業務の経験を深めるとともに、仕分けや決算書、連結決算など、対応できる業務の幅は広がっていきます。キャリアの途中で海外子会社に３年赴任するなどして、英文会計にも詳しくなっていくこともあると思います。

　この方は、「複業」として、本業に関連した経理業務をできる可能性があります。会社員としての業務以外で、他の会社との業務委託契約を結びスポットとして経理業務を請け負える可能性があるのです。

　スポットの案件を受けるマッチングサイトもあります。同じ管理部門でいえば、人事や総務部門も同様です。営業部門であれば、営業のコツ、経験、段取りをまとめて、教える仕事ができる可能性があります。営業部門の業務を小分けして、メールリストの獲得、ステップメール、初回プロダクトのクローズなど、いくつかの業務に分けて教えることもできます。

　自分にとって「当たり前にできるシゴト」は、他の人にとって必ずしも「当たり前」でありません。本業に関連した仕事、とりわけ教える「複業」は検討に値すると思います。毎月の収入増の目標として、まず10,000円、もしくは5,000円を目指しましょう。

　収入を増やすことと同時に支出をうまくコントロールしましょう。毎月10,000円、資産運用に使う資金源をつくりたい

ものです。本業と関連のある仕事で仮に月に5,000円プラスの収入を得て、同時に月の支出を5,000円削減することで、10,000円の資金源を確保できます。

　少し大変かもしれませんが、月当たり支出マイナス5,000円を実現する具体的な方法として、週当たり1,250円、平日稼働5日当たり、1日250円コストを削減すれば可能です。収入をプラス5,000円にするには、土曜・日曜のいずれか1日に働くことで実現可能です。

　大手金融機関でも副業を認める企業が出てきています。月8日間休日で2日間勤務すれば、10,000円〜20,000円資金を作ることができるでしょう。

　月に10,000円の資金で資産運用を始めるなら、ハードルは決して高くはありません。初めは小さくても、時間を味方にして資産運用を実践することでお金を大きく育てることができます。とりわけ時間を大きな味方にできる20代こそ資産運用を実践するべきです。

◉ポイント
- 20代は65歳までの40年程の時間を資産運用に活用すべき
- 自分の本業と相関性のある「複業」に挑戦してみる

PART 5-2　おススメの始め方 ①

●なぜ税制の優遇が大切か？

　通常の証券口座と税制の優遇のある口座とでは、資産運用において差が出てきます。

　通常の証券口座で、源泉徴収有りを選択すると、所得税と住民税などが控除されます。一方、税制の優遇のある口座では、それらが免除されます。免除されることにより、元本を効果的に大きくすることができます。
　普通証券口座と、税制の優遇のある口座とでは、長期の資産運用で差が拡大していきます。

　税制の優遇のある口座にはどのような口座があるのか見ていきたいと思います。

● NISA・iDeCo とは？

　税制の優遇のある口座として、NISA（一般 NISA とつみたて NISA）と iDeCo（イデコ）があります。
　NISA は国により求められた税制優遇制度です。iDeCo は個人型確定拠出年金の略称であり、公的年金の上乗せ部分として、60 歳以降の老後の生活の収入を補完するために導入されました。

NISA は銀行や証券会社、オンライン証券会社で NISA 口座を開いて始めることができます。年間の拠出の限度額の範囲内で、資金を入れて、運用商品を選んで、**資産運用を行うことで、運用益が非課税となります**。通常の口座では 20%前後の課税となりますから、NISA のメリットを活用すると良いでしょう。

　つみたて NISA は年間 40 万円の非課税枠となります。非課税の期間は 20 年間。一般の NISA より非課税の期間が長期になるので、引退資金の一部としてなど、長期の資産運用に適した口座といえるかもしれません。毎月定額で資産運用をしたい長期での資産運用にはつみたて NISA は向いています。

　iDeCo とは、個人型確定拠出年金制度の略称です。国の公的年金制度として、国民年金、厚生年金があります。公的年金制度の上乗せ制度として、公的年金を補完する意味で、iDeCo があります。公的年金の上乗せであるため、国民年金に加入など公的年金の加入資格を満たしている方が iDeCo の加入対象者になります。

　iDeCo に加入することで三つの税制の優遇を受けることができます。

　一つ目に掛け金が所得から控除できます。会社員であれば、年末調整で税制面で恩恵をうけることができます。自営業者やフリーランスであれば、確定申告で、同様に恩典を受けることができます。

また、所得税の還付や住民税の軽減を受けることができます。会社員で、厚生年金のみ、厚生年金の上乗せとして企業年金に加入している方、専業主婦の方も iDeCo に加入できます。

　二つ目に、iDeCo 加入後の資産運用で運用益は非課税となります。
　通常の証券口座などで源泉徴収で 20% 前後課税されるのに対して、運用益の非課税の恩典は、長期の資産運用で力を発揮してきます。投資元本が課税により目減りすることを回避して、効率的に資金を増やしていくイメージです。

　三つ目に出口部分の引き出し時で、退職所得控除など通常より大きい税の恩典が認められています。

　iDeCo は公的年金とならび老後の生活を支える財源の一つであることから、そのような税の恩典が認められています。本書で紹介した米国株S&P500は商品です。商品を入れる「器（うつわ）」を、通常の課税される口座にするか、税制の恩典がある口座にするのか、選択が分かれることになります。

◉ポイント
・ NISA と iDeCo は税制の優遇の代表的な口座

● iDeCo（個人型確定拠出年金）について

　iDeCo（イデコ）は最近また注目されているので、もう少し詳しく見てみたいと思います。

　iDeCoとは個人型確定拠出年金のことで、公的年金を補完する制度として、近年、加入者が増えつつあります。公的年金の実施の主体は国であり、国民年金被保険者の1号被保険者、厚生年金の2号被保険者、配偶者の3号被保険者であり、通常65歳以降に受給することになります。

　厚生年金は加入者が4,500万人。会社員や公務員で最大級の加入者ですが、制度の発足が昭和20年代であり、時代の変遷とともに、労働者の実情から異なる部分が生じてきています。3号被保険者は2号被保険者の専業主婦ですが、現代は夫婦共働きの家庭が多くなってきています。

　夫婦とも2号被保険者という家庭も多くあります。国民の人口構成も、勤労世代が引退世代を支える比率も、1970年代の8人に1人から、2人に1人と変化して、年金の財源の確保の重要になってきています。
　そのような背景から、公的年金の上乗せ部分としての確定拠出年金個人型が誕生して徐々に普及しつつあります。掛け金が所得控除や、加入期間中の税制優遇、受取時の税制優遇などの恩典もあります。一方、掛け金は原則60歳以降まで引き出せ

ないという点も理解が必要です。

個人型確定拠出年金の実施主体は、国民年金基金連合会です。社員の福利厚生のための企業年金に年金規約があるように、国民年金基金連合会により個人型年金規約が定められ、管轄省庁の承認を受けることになります。

国民年金加入の自営業者やフリーランス、厚生年金加入者などが個人型確定拠出年金に加入することができます。

個人型確定拠出年金は、加入者が拠出限度額の範囲内で、任意に掛け金額を決めます。

公的年金を補完する上乗せ部分として位置づけられていますので、公的年金の基礎保険料の国民年金の保険料を滞納している期間は、個人型確定拠出年金へ掛け金を拠出することができません。

企業型確定拠出年金は、企業が運営管理機関を選びます。個人型確定拠出年金では、加入者が運営管理機関を選びます。銀行や地方銀行、信用金庫など金融機関が、国民年金基金連合会に運営管理機関として登録されています。

選択できる投資信託などの運用商品は、運営管理機関によって異なってきます。運営管理機関の手数料を調べたうえで、運用商品のラインナップは質量ともに良好な運営管理機関を

選びましょう。

　金融機関が提供する運用商品は、時価の評価が可能であり、売り買いの入れ替えや年金給付の現金化などを行うために、流動性に問題のないことが求められます。投資信託や保険会社の元本確保型商品などとなります。運営管理機関は、年金の規約（企業型年金規約、個人型年金規約）に基づき運用商品の範囲に関する基本的な考え方に従い、元本確保型商品を含む、複数の商品を提示します。

　元本確保型の商品を含むことで、年金給付の際の保管先の確保や加入者が大きなリスクを回避できるようになっています。

　加入者が運用商品を特段選択しなかった場合、デフォルト（初期設定）の商品として、元本確保型商品を設定している年金規約が多いようです。

　加入者は、運用商品に関して、自己の年金資産に関する運用商品を選択することになります。

　資産運用の市場動向などを見て、配分変更やスイッチングすることもできます。加入者が適切な投資を行うために、運営管理機関は個別の運用商品などの情報提供を行うことになります。

　特定の運用商品の推奨はできませんが、年金資産運用にかか

わる一般的な情報提供を求めることができます。

　iDeCo の加入者が 100 万人を超えてきたとはいえ、わが国は、米国など諸外国に比べて、お金や資産運用に慣れていない不安な方が多いとされています。自己責任で行う確定拠出年金に不安視する根拠があります。

　「自己責任（じこせきにん）」といえば厳しい言葉の印象を受けるかもしれません。会社員などでも給与は自身で管理します。資産運用においても同様に、自身で、経済や市場の変化に応じて、資産運用において商品を選んでいくべきです。

　少子高齢化により、世代間仕送り方式の公的年金の年金収支は厳しくなる見通しです。少子化により、生産としての経済の見通し、消費市場としての経済の見通しも対策が求められます。

　企業の年功序列と給与の昇給は変化していき、退職金も減少が見て取れます。今後は、労働収入という土台の上に、公的年金の収入、企業年金の上乗せの収入、「自分年金」からの財源確保など、多元的には、複数の収入源を育てていく必要があります。

　個人型確定拠出年金においては、元本確保型の商品も選択することができます。時間を味方に、複利効果の資産運用により、投資信託により大きくお金を増やしていくこともできます。
　引退年齢後には生活資金を現金化しつつ、一部を引続き積極

的に資産運用することもできます。それにより資産の減少を緩やかにすることもできます。

　若干の不安を感じつつも、それぞれの投資の特徴の学びと理解に努めて、資産運用の実践をしていきたいものです。 不安とともに、お金を増やしていくことはできます。

●第2号被保険者の会社員

　後述する企業年金で資産運用をすることを学ぶために、企業で勤める会社員と企業年金についても少し見てみたいと思います。

　国民年金や厚生年金の加入者は区分けがされています。自営業者やフリーで仕事を行っている方は、国民年金に加入する第1号被保険者となります。会社員や公務員で厚生年金に加入の方は、第2号被保険者となります。

　第2号被保険者は全国で約4264万人といわれます。厚生年金加入者は、給与明細で、厚生年金保険料、健康保険料と合わせて確認することができます。専業主婦の第3号被保険者の区分もあります。

　夫婦の共働きが多くなってきた現代社会では、夫婦ともに会社勤めで厚生年金加入の2号被保険者であることも多くなってきています。自分がどの被保険者なのか、確認してみましょう。

第2号被保険者は、会社員や公務員がほとんどです。

　以前は公務員の共済年金がありましたが、現在厚生年金に統合されています。会社員は、国民年金を一部含む厚生年金に加入することで、公的年金の加入の義務を果たしています。

　会社によっては、厚生年金を補完する意味で、従業員の退職後の福利厚生の充実の一環として、企業年金制度を備えている会社があります。企業年金制度として、会社が掛け金を出して、運用と給付まで行う場合（給付型の企業年金）と、会社が費用負担した後は各従業員に運用をお願いする（拠出型の企業年金）があります。

　企業が運用と給付まで行う給付型の場合、有価証券市場の影響を受けます。株式市場の上昇などの場合は運用益を得られるのに対して、株式市場の下落の場合は、企業は予定された給付と積み立てスケジュールを下回ることから、従業員の福利厚生の確保のために、追加の掛け金を出す必要が出てきます。

　本業の利益を思わぬ形で損なう可能性があるから大変です。企業経営陣と従業員との約束（退職金規程など）は、簡単に変更はできません。通常はしかるべき稟議のプロセスで、労使合意により初めて可能になります。

　企業の経営者側がこのようなリスクを回避したいと考え始めたのは自然なことかと思います。

　そこで給付型から、掛け金を拠出して、その後の運用成績は

(引用：『政府広報オンライン』, https://www.gov-online.go.jp (2021-07-11)

各個人にお任せする、拠出型の企業年金が出てきました。米国の401K制度を参考にしたと言われます。企業によって福利厚生が手厚い場合、給付型と拠出型を両方制度として持っている企業もあります。

　拠出型は、制度の実施運営を統括する幹事会社（生命保険会社や信託銀行など）が、投資信託などの商品ラインナップ、掛け金率の設定案などを企業の労使担当者に提案。労使双方で提案された案を確認し、最終的に労使合意により、拠出型の企業年金がスタートするのが一般的なようです。

　制度説明会、Web環境の整備（運用状況の確認、資産残高、商品の選択など）、商品の入れ替え、給付裁定への対応など、制度の開始、開始後、その後のQ&A対応、給付の対応など、通常各企業の総務人事部の担当者が社員の福利厚生の充実化の一環として対応します。

　企業によっては企業年金制度（給付型も拠出型も）ない企業もあります。退職一時金制度もありなしがあるようです。まず

は、自分の勤める企業がどのような企業年金制度になっている
か確認すると良いでしょう。

◉**ポイント**
・日本の社会では会社員（第2号被保険者）が多い
・勤務先企業の企業年金制度を社内担当者に確認する

●年金の受取り方

　日本の年金制度は、公的年金も企業年金も、企業の退職一時
金から派生したものであると考えると良いと思います。
　日本の企業年金は、退職一時金と密接に関連してきました。
退職一時金から形を変えて年金の形になったとも理解できま
す。

　年金の種類として、終身年金と期間が定められた有期年金が
あります。
　終身年金は、年金の受給者が逝去するまで年金受給できま
す。有期年金は、決められた期間に年金が支給されます。退職
一時金が、分割で支払われたものが有期年金といえるかもしれ
ません。

　日本の年金とりわけ企業年金において、大半が退職一時金制
度から形が変わるものとして生まれました。社員としては、退

職一時金として受け取るか、終身年金や有期年金として受け取るか、二つの選択肢があることになります。

　リーマンショックなど株式市場が大きく下落する局面など、資産運用の投資環境において、企業年金の予定利率以上に利回りを確保することが困難なケースも出てきました。
　企業によっては資金繰りの観点から、社員に退職一時金としての選択を積極的に促すこともあるようです。

　社員にとっては受給者として退職一時金か年金（終身年金や確定年金）のどちらで受け取るかを選ぶ権利があります。
　一時金として受け取った場合でも引退以後の生活のために、引き続いて資産運用が必要といえるかもしれません。

　個人で資産運用するのが良いのか、企業年金として運用を委託するのが良いのか、考えが分かれるところかと思います。
　長期間にわたって一定の利回りが保証される企業年金が安定していると見える反面、企業年金の母体の企業の運営が健全かどうかを考える必要があります。

　万が一、企業年金の母体の企業が倒産や解散などといったことになれば、退職一時金相当額が受け取れたとしても可能性がでてきます。受け取れない場合や、給付金額が下がるリスクがあります。企業年金の財政状況や健全性を、勤務先の担当者に確認するなど、留意が必要と思います。
　退職一時金として大きな金額を受け取った場合でも、資産の

運用先や運用商品には充分注意が必要です。企業年金に依頼する場合でも、自身で運用を行う場合でも、お金や資産運用を学び、実践する必要性がここでも確認できます。

　企業年金制度は難しい言葉が多く登場して、理解するにはハードルを感じる場合があると思います。シンプルに言えば、年金財政の基本は収支のバランスです。そして年金資産の積み立ての状況を定期的に確認することが良いと思います。

◉ポイント
・企業年金制度について理解する

●確定拠出年金という言葉を考えてみる

　確定拠出年金という言葉を小分けしてみたいと思います。
　「拠出」（掛け金）を「確定」する年金。その後の運用成果は、掛け金を拠出した（負担した）加入者に属することになります。
　一方、確定給付年金は、「給付」（退職一時金、終身年金、有期年金）を、「確定」する年金。この場合、給付を確定させるための、年金財政の運営、資産運用、掛け金の拠出は、運営団体（企業など）が行います。

　出口を確定させるための、入り口から途中の資産運用のリスクを負うことになります。確定拠出年金は、拠出された掛け金

のその後の運用は、加入者によって行われます。加入者が運用方法を選択し、その成果によって給付額が決まります。

　運営団体（企業など）によっては、給付型より拠出型の方が、負担する業務範囲が少ないといえます。確定拠出年金には、運営団体が企業である企業型確定拠出年金と、国民年金基金連合会の実施による自営業や中小企業従業員向けの個人型確定拠出年金があります。転職や退職など書類の手続きなどによって、他制度へ持ち運べる場合もあります。

```
◉ポイント
• 確定拠出年金制度＝「確定」＋「拠出（掛け金）」＋「年金」
• 確定給付年金制度＝「確定」＋「給付（受取額）」＋「年金」
```

PART 5-3　おススメの始め方 ②

●企業年金は「給与」「福利厚生」として理解する

　企業は労働サービスの提供の対価として、従業員に給与を支払います。給与以外の対価として、福利厚生を提供する会社もあります。社会保険（厚生年金や健康保険、雇用保険など）とスポーツジムや娯楽施設の割引利用チケットなど福利厚生は多岐にわたります。

最近では、福利厚生を一括のバンドルサービス（まとめサービス）として、企業へ提案している企業もあるようです（例えばリロクラブなど）。

　一方で企業年金は、退職時に一時金や分割の年金として支払われます。これは、「給与」の後払いや、「福利厚生」の一部として理解することができます。労働契約に基づいた、企業経営と社員の間の GIVE&TAKE の一環と捉えれば理解しやすいと思います。

●ポイント
・企業年金には、「給与」や「福利厚生」の一環として側面がある

●企業年金と労使関係

　企業年金は社員の労働サービスの提供に対する、退職後の後払いの賃金の支払いという見方もできます。企業にとって、資金繰りや有価証券市場の不透明さ（運用の実績は必ずプラスになると限らないこと）から、退職後も社員への年金支払いを続ける給付型の年金制度より、退職時に一括で社員に退職一時金を支払い、ある意味そこで終了する方が良いと考える場合があると思います。

退職一時金より、毎月の給与支払いで、給与に上乗せする形や、掛け金拠出の方がなお良いと考える可能性もあります。

　一般のビジネスの商取引でもこのようなケースがあります。商品サービスを生産するための労働の提供する従業員が、企業側から代金を受け取ります。労働収入の場合、従業員が労働サービスの売り手であり、企業は最終消費者から代金を回収した買い手といえます。

　売り手の従業員から見れば、代金を直ちに支払ってもらうのが通常です。基本的に代金を一括で現金支払いを求めるわけです。ビジネスの現場では、買い手側が一括現金支払いに応じる場合や、代金の支払いを待ってもらうケースがあります（売掛債権として商取引の契約の合意を求めるなど）。

　売り手の従業員として、あくまで現金の一括支払いを求める場合もありますし、相手の信用状況に問題ないと判断し、あるいは提案された債権回収の提案が有利な条件であったり、今後も継続的な商品取引きが期待されるなどの場合、代金の支払いを待つことに同意する場合もあります。

　退職一時金制度や企業年金制度にも同じことが見られます。
　ビジネスの現場では、「信用」が大切ですが、すべて前払いや現金一括支払いではなく、一部を後払いできる場合があります。

従業員が勤務先企業の財務状況、経営の見通しに信用を感じ
れば、退職一時金として一部受け取りながら、残額の受け取り
を後払いの企業年金の分割受取とすることが可能です。

　受け取る側の従業員としては、公的年金の受け取り額、
iDeCoなど公的年金の上乗せ私的年金の積み立て状況、NISA
などの他の積み立て部分、「自分年金」の積み立て状況から、
受取方法を家族会議などのもと、賢明な選択をしたいものです。

◉ポイント
- 企業年金は、「労働者」や「使用者（経営者）」の話し
  合いで制度の運営が行われている

●「お別れのお金」としての退職一時金

　退職一時金制度から始まったといわれるわが国の企業年金、
一時金と年金（確定年金）の選択も認められている場合があ
ります。本業の引退後の所得を確保するという観点から、年
金が良いと考える方もいますが、この点を考えてみたいと思
います。

　退職一時金には、労働契約の終了としての、「お別れのお金」
の側面があります。企業にとっては社員であるあなたと、ご
縁が終わりました、ということです。比較すると、年金には、
社員が退職した後も老後の生活を企業がケアーしているとい
う雰囲気が感じられます。

世界に目を向けると、公的年金のように、物価上昇や賃金の上昇を計算して財源を確保する企業年金制度はむしろまれと言われます。退職一時金の選択は、掛け金建ての企業年金が増えているおり、増加している傾向があります。

　社員の退職者でも、企業と一つの縁の区切りを迎えて、退職一時金を選ぶ方が増えてきているようです。退職一時金を選択し、まとまったお金を手にして、その後資産運用を自らのリスクにより行います。

　退職一時金を選ぶか、企業年金（確定年金）を選ぶか、企業と退職者（社員）のお互いの信頼関係を映しているといえるかもしれません。企業年金制度の財務運営も健全で、終身の年金を提供したり、退職者の年金増額も行う企業の場合、退職者（社員）は年金を選ぶ可能性が高まります。

　一方、同財務運営に不安を感じられる企業年金運営の場合、あるいは、多額の積み立ての不足があるような企業年金運営なら、退職者（社員）は「もらえるうちにもらう」ために、退職一時金を選ぶ場合が増えるでしょう。

●退職一時金 VS 年金（確定年金）

　今、経営状況にも資産運用の有価証券市場も余裕があるという、企業年金を運営する企業は少ないかもしれません。

　企業が退職者の面倒まで見ることはできないと考えるのに

も一理あります。米国の優良企業では、退職者に手厚い企業年金を提供して、人材を確保する場合もあるようです。

　退職一時金か年金（確定年金）の受け取りか、退職者が行う選択は、勤務してきた企業への信頼を示す評価シート（通信簿）といえると思います。現在お勤めの企業の企業年金制度がある場合、その運営を確認してみると良いと思います。

> ◉ポイント
> ・企業から従業員への長年の感謝、功労報償としての
> 　退職金

●企業年金の口座で始める

　企業年金は「給与」や「福利厚生」としての意味合いがあります。いずれにしても企業から社員に支払われるものです。
　米国株S&P500インデックス投資を企業年金の資金枠で行うという考え方があります。

　企業年金の中の、企業型の確定拠出年金制度がある会社にお勤めであれば、商品のラインナップを確認してみましょう。

　商品のラインナップは企業ごとにさまざまです。一度、人事や管理部門の社内の担当者に確認してみましょう。

　勤務先の企業によっては、公的年金を補完する意味で上乗せ

の企業年金制度があります。勤務先の企業年金担当者（人事部や総務部）の方に確認すると良いと思います。公的年金制度の実施団体は国や準ずる機関です。企業年金の実施主体は、勤務先の企業となります。

　企業年金には、企業が掛け金を拠出して、従業員が投資信託など運用商品を選ぶ、企業型確定拠出年金と、企業が出口の給付額（一時金や有期の年金）として支払いまで確定する、給付型の企業年金があります。掛け金の額は、定額であったり、基本給の何％であったりと、企業ごとにさまざまです。

　労働と使用者側の労使の協議と合意によって、退職金規程などにまとめられている場合もあります。
　いずれにせよ、社員として、商品やサービスの生産のための、労働サービスの提供により、月の給与や福利厚生を得ます。

　福利厚生の一環として、企業年金の掛け金を企業側から拠出してもらっている場合は、その運用を自主的に考えると良いでしょう。企業型確定拠出年金の運用商品の一覧は、個々のプランごとにさまざまですが、それをきっかけに、お金と資産運用を学び理解し実践するきっかけとなります。

　人事部の福利厚生担当者に問い合わせたり、Webなどで運用状況や運用商品の選択ができたりするそうです。企業型確定拠出年金は一つのきっかけとなります。

PART 5-4
始めた後の考え方（元本の保証、株価下落時の考え方）

●元本の保証とは？

　元本の保証とは、10,000円銀行の普通預金口座に預けて、その額面（数字）が減らないことをイメージすると理解できるでしょう。お金の置き場所によっては、元本を大きく減らす、あるいは元本がなくなってしまうこともあります。

　各国の政府や中央銀行は緩やかなインフレーションを目指しています。過度なインフレでもなく、デフレでもない、モノの値段が年間2％〜3％前後上昇することで、給与も伸びていくことになります。給与が伸びれば、社会のモノやサービスの消費も促進されます。インフレの副作用として、現金の価値、モノやサービスとの交換価値が下がる話はすでにしました。

　年間に3％の物価上昇インフレーションが起きる経済状況を仮定します。3％のインフレで、10,000円のモノ、サービスの値段は1年後に10,300円の価格となります。同期間で仮に

1％の銀行の定期預金に預けていたとして、10,000円→10,100円（1年後）になります。

　両者（10,300円と10,100円）を比較すると明白です。物価上昇インフレーション（3％）を下回る銀行定期預金（1％）にお金を預けていると、お金のモノ、サービスの購買力が低下して、価値が減っているのがわかります（すなわち購入できなくなります）。

　お金の価値を考える上で、「額面＝数字」が減っていないといっても安心することはできません。インフレーション対比で、お金のモノ、サービスの購買力がどうなのかを確認していく必要があります。

　インフレ以下のお金の置き場所（資産運用）は、額面は減らないものの、お金の価値が減ることを意味します。よって、元本の保証のみの選択肢は、インフレに負ける可能性を鑑みて、充分でないことになります。

● 100％の保証はない？

　お金や有価証券を学ぶ方にとって、「元本の保証はありません」と聞くと不安になるかもしれません。元本の増減と時価の変動について見てみたいと思います。

　有価証券への資産運用の結果、元本が時価で変動します。時価が増えることもあります。食料品（コメ、小麦、卵）の値段

のように、時価は変動します。

　何事も 100% 保証されるものではありません。有価証券や野菜、食料品の時価と同じように、就職の人気についても、昭和の戦後の人気就職業界は石炭業界と言われています。

　石炭は世界的なエネルギーの転換を迎え、石炭産業は斜陽産業となりました。現在は就職の人気ランキングの上位にありません。現在人気就職ランキング上位企業に入社したとしても、それが 10 年後、20 年後、30 年度も引き続き 100% 安泰であるとはいえません。他企業に買収されて新しい会社に変化しているかもしれません。

　話しを資産運用に戻すと、額面を減らさないことは大切なことのひとつです。緊急の資金源として生活費の 3 か月〜 6 か月分を確保しておくことが大切としました。その資金は時価の変動を避けて、銀行の普通預金口座などを活用すべきです。

　緊急資金源以外の目的が 6 か月以上先の目的のものは、途中の時価の変動は静観できます。引退資金（仮に 65 歳）まで 7 年以上ある場合、S&P500 の積極運用で年率 10% の期待リターンで運用するのは有力な選択肢です。引退資金まで、元本保証のある銀行口座においておくと、元本は減らない代わりに、インフレに負けて価値が減る可能性が高くあります。

●ポイント
・元本の保証は額面の保証にすぎない。
　インフレにより、お金の価値の減少の可能性がある

●インフレーションと株式市場

　インフレーションはモノやサービスの値段が上がっていくこと。そして日本を含めた先進国の各国政府や中央銀行の金融財政政策は、緩やかなインフレーションです。米国の初任給約48万円、お隣の韓国でも30万円を超えているそうです。わが国日本は初任給は20万円前後で20年前後止まっている感があります。日本の初任給は横ばいが見て取れます。世界の各国はインフレーションが起きています。日本は1990年以降横ばいかと思います。インフレーションでモノやサービスの値段が上がるということは、株式市場も長期で上昇する可能性が高いこと意味します。

　長期で見ると、元本保証の銀行預金口座では、お金の価値が減る可能性がありますが、株式市場はインフレと同程度、あるいはそれ以上の値段の上昇が見込まれます。株式市場からの恩恵を受けない手はないといえます。

　インフレの追い風を受けて、資産運用の第一歩として、株式市場を選ぶ。そして個別の株式運用よりも最初は株式インデックス投資、特に米国株式インデックスの代表的なS&P500インデックス投資信託を活用しましょう。

◉ポイント
・資産運用を理解し実践する上で、インフレーションを理解する必要がある

●株式下落時の考え方
（株式下落時は「バーゲンセール中」）

　株式市場は年間およそプラス40％〜マイナス40％の範囲内で動くといわれます。プラスの場合も、マイナスの場合もあります。

　前述した米国株式インデックス、S&P500インデックス投資信託の場合、過去7年以上の経過で、ほぼプラス圏内に推移しています。換言すれば、7年以上の継続の保有が大切です。

　7年に満たない場面で、株式市場が下落した場合、先述したように7年以上先の目標のための場所（口座）ですので、静観しましょう。むしろ、「バーゲン セール中（割安)」して、追加で大人買い（S&P500の追加購入）することもできます。

◉ポイント
・株式下落時は、長期的に見て購入のチャンス

●ドルコスト平均法

　長期投資において、有効な方法のひとつにドルコスト平均法が有名です。

　ドルコスト平均法とは、平均の取得単価を平均化させる方法です。「ドル」とありますが、米国ドルや特定の通貨を指しているわけではありません。

　金融商品は価格が毎日変動します。一度に購入する方法でな

く、一定金額を購入するタイミングを分けて購入することで、購入の単価を平準化して抑えるということです。

　NISA や iDeCo で、S&P500 インデックス投資信託を毎月 15 日に 10,000 円購入すると、価格が高い時は購入数は少なくなり、価格が安いときは購入数は多くなります。

　一度にある時期に購入するより、結果的に購入の単価を平準化することができます。時間分散によるリスク軽減効果ともいわれます。

●一括投資 VS 時間分散投資どちらが良いか？

　一括投資は、余剰資金がある時期など、一括で投資することになります。メリットとして、余剰資金を一度に投資することで時間を有効に活用できること、デメリットとして、市場の上げ下げのタイミングが不透明である点です。

　一括投資のタイミングは、市場がこれから下がる局面の前かもしれません。理想は市場が低いときに投資することですが、市場の短期的な変化の要因は、株価の本質的な業績や商品サービスの評価に加えて、政治経済のマクロ的要因など多くの要因があるため、短期的な予想は極めて困難といえます。

　優良銘柄の株式でも、コロナショックなど社会的要因で一時的に大きく下がる局面では、他の株式と同じように下がる傾向

があります。市場のタイミングを完璧に測ることは難しい、そこで、投資するタイミングを分散する、時間分散の考え方があります。毎月決まったタイミングで、決まった金額などを定期的に定額購入する購入方法の代表格がドルコスト平均法となります。

ドルコスト平均法

例）毎月 25 日：10,000 円投資信託購入に設定する

市場が安いときも高いときも、時間のタイミングを分散することで、購入価格を平準化することができます。引退資金のための長期資産運用において、力を発揮してくる資産運用の購入方法ですので、無理のない金額を決めて、ドルコスト平均法で資産運用を始める。そして、賞与など余剰資金ができたときに、追加で、一括投資するような組み合わせが良いのではないかと思います。

ドルコスト平均法、基本的な資産運用方法
一括投資、臨時収入、賞与など、追加で資産運用

◉ポイント
- 長期の資産運用の実践方法として、ドルコスト平均法は有望な実践方法といえる

●追加投資 ①

　追加投資には、三つの側面があります。一つ目に、株式下落時に追加投資する、二つ目に時間分散のドルコスト平均法の毎月の投資額を増やすという考え方です。

　もう一つは、余剰の資金ができた際に、追加投資するという考え方です。

　株式下落時やドルコスト平均法の追加投資は、前述の通りです。米国株式市場は長期の 10 年以上で、歴史的にプラス圏内となっています。よって、10 年未満の時点で、株式下落時に追加投資することで、平均取得単価を下げることができます。株式市場が反発（上昇）したときに、取得数が多いため、プラスへ行くパワーが大きくなります。今後もこの考え方は引き続き有効と思います。

　もう一つの余剰資金について。（月の収入）－（月の支出）＝余剰資金です。収入がまとまって入ってきた際に、あるいはこれまでの固定費などの支出を見直して、余剰資金ができたときに、追加投資するのも良いと思います。金額も小分けして、1,000 円単位の余剰資金で追加投資しても良いと思います。

　10 年以上の長期の資産運用において、細かな余剰資金の追加投資は、時間をかけて大きな金額になっていきま

> **◉ポイント**
> ・長期の資産運用の実践方法として、余剰資金を追加投資
> することができる

●追加投資 ②

　米国株 S&P500 での運用において、極力リスクを低減し、かつ運用益を最大化するためには、時間軸を捉えることが重要である。これは先に述べた通りですが、追加投資を検討する場合も、この観点を見失わないようにしましょう。

　具体的には下記の通りです。

　　生活費３か月〜６か月分 … 緊急資金源
　　６か月〜７年 … リスクが低度や中度の資産運用
　　７年以上〜 … ７年以上先の目標のための資産運用

　生活費３か月〜６か月分の緊急資金源を確保して、追加投資が可能な資金源が入った場合、追加投資すると良いと思います。

　追加投資は一括で行うこともできます。時間分散のドルコスト平均法で、毎月千円単位で積み増しても良いと思います。

　長期投資は金銭的な余裕よりもむしろ精神的な余裕を持つことが重要です。適切なタイミングで追加投資をしていくためには、冷静な判断を下せるだけの気持ちの余裕が必要なのです。

そのために、有事の際に備えた資金は手元に残しておくようにしましょう。

●継続保有

継続保有の反対が途中でやめる（現金化する）ことになります。月の生活費の３か月〜６か月分を緊急資金源で元本確保の銀行などの普通預貯金の口座で確保しています。よって、７年以上先の資金が途中で有価証券市場の上下動の影響を受けても、上下のブレを静観したいものです。

そのような上下動があると理解した上での、「お金の置き場所」です。続けること、継続することによって、複利の力を享受することができます。

> ◉ポイント
> ・長期の資産運用の実践方法として、継続保有することで、経済の成長の恩恵を受ける可能性が高まる

●換金について

お金を育てて、継続の資産運用を行って、そして、資産運用の出口が現金化＝換金となります。出口には、課税と税制優遇の二つの切り口があります。

入口部分でも説明しましたが、課税の優遇をうまく自分のものにしたいものです。

換金の出口

課税される出口

税制の優遇のある出口

　課税されるか、税制の優遇があるか、長期の資産運用においては、違いが出てきます。課税をされることで、元本の資金が減ることになりますが、税制の優遇のあることで、途中の元本の減少を回避し、資金を増やしていくことになります。

　税制の優遇のある口座の代表例は、NISA や iDeCo になります。特に長期の資産運用で力を発揮していきます。口座は、投資信託という商品を入れる器（うつわ）と理解できると思います。それらの口座には税制の優遇の措置があります。NISA や iDeCo をうまく活用していきましょう。

◉ポイント
・資産運用の出口の換金の際に、税制の優遇を受けることが有利な受け取り方になる

PART 5-5　通常の証券口座を開設する方法

●伝統的な証券口座、オンライン証券会社の違い

　伝統的な証券会社には、本社と支店の店舗型でサービスを行っています。

　店舗で対面の説明を受けられる点は良い点といえます。一方、営業担当より特定の商品の紹介を受ける点やそれに付随した手数料の高い商品の提案を受ける可能性はデメリットと言えます。

　オンライン証券会社は店舗でなく主にオンラインでサービスを提供しています。

　対面で説明を受けることはほぼないと言えますが、一方消費者側が自由に商品を選択することがメリットです。手数料が高くない商品を選ぶことも可能です。

　伝統的な証券会社とオンラインの証券会社はそれぞれ一長一短があります。

◉ポイント
・伝統的な店舗型証券会社とオンラインの証券会社の
　一長一短を理解する

●オンライン証券会社の気をつけるポイント

　伝統的な証券会社では営業員が顧客へ商品説明をしています。

　大手証券会社でも NISA や iDeCo のセミナーも行われています。実際に営業員からの説明を受けることで、わからない点をすぐに質問することもできます。

　NISA や iDeCo のセミナーで他の参加者から、自分の気づかない点を気づき、理解を深めることもできると思います。2020年春頃からのコロナ禍の経済状態で、セミナーも急速にオンライン化が進みました。

　オンライン化が進み、すぐに Zoom で直ぐに質問できますが、他の参加者と会場の熱気を共有することはできない点もあったり、課題もあるようです。

　商品説明のみならず、証券会社や銀行など金融機関のサービスもオンライン化が進みました。

　証券会社も野村證券や大和証券、SMBC 日興証券グループなどの伝統的な証券会社に加えて、SBI 証券や楽天証券、LINE 証券などオンライン証券会社も台頭してきています。オンライン化し、通常の店舗の営業時間外の例えば夜 10 時などに証券口座にログインして、株式や投資信託の売買の申し込み

ができます。

　オンライン証券会社について気をつけるべきポイントは何でしょうか？　PCやスマホの操作やセキュリティ環境を整備する必要があります。ログイン時のパスワード管理、セキュリティ環境の整備、入出金の操作を気を付けて行う必要があります。操作などは家族とともに行うと良いのではと思います。

　オンライン証券会社でも証券会社でも、消費者として私たちが負担する手数料を確認し、理解しておく必要があります。
　投資信託の主な手数料は、年間の信託報酬です。信託報酬は商品説明書等で確認することができます。信託報酬は運用残高から負担されます。よって、信託報酬（コスト）が低い方が、運用実績にプラスに働きます。反対に信託報酬（コスト）が高いと、運用実績に負担がかかることになります。

例えば、
　　運用実績　年間プラス５％
　　信託報酬　１％ or 0.5%

　　単純計算
　　運用実績 − 信託報酬 = ４％（５％ − １％）
　　or
　　　= 4.5%（５％ − 0.5%）

信託報酬や手数料には留意したいものです。

◉ポイント
- オンラインの証券会社の口座管理など留意する
- オンライン証券会社は店舗型より手数料体系が安く
  なる傾向がある。

●証券口座

伝統的な証券会社とネット証券会社のメリットとデメリットを、信託報酬と手数料の面から考えてみます。

伝統的な証券会社、あるいは大手証券会社の街中の支店窓口で、対面で担当員より証券、投資信託の説明を受けることができます。

期待されるリターン、リスク項目、手数料、面と向かって説明を受けて、その場で質問をすることができます。資料もその場で確認することができます。

他のお客さんの接客の隣で、接客されることで、活気のある中で説明を受けることができるのはメリットかもしれません。デメリットとして、コロナ禍で人の密な状況の中にいるという点があります。次に、証券会社の担当者の選択肢の中で、商品

説明を受ける、主導権が担当者にある点も、デメリットかもしれません。

　また、証券会社が自社の都合で優先的に販売したい商品サービスが優先される可能性があります。証券会社の収益のため、提案される商品の順番が高い手数料のものが提案される可能性は否定しきれないと思います。

　次にオンラインの証券会社を見てみます。

　オンラインとはインターネットを活用して、自身のPCやスマホで、証券口座を開設して、商品を選択して、購入します。

　デメリットは、基本的にオンラインの情報を確認して、自分で理解して金融商品を選ぶ必要があります。自分の状況に合わないリスクの高い商品を購入し、結果損失となる可能性があります。

　質問もオンラインでメールやチャット、コールセンターですることになりますが、金融知識がない限り、自らの質問を正しく表現することは難しいと思います。オンライン証券口座の開設の手続き、付随したオンライン銀行口座の開設も多少難しいと思います。

　メリットは、金融商品が自らの判断で選択できる、全般的に金融商品の手数料が安い商品が多い、24時間口座へのアクセスが可能、商品選択や運用商品のレポートなど閲覧ができることです。

> ◉ポイント
> ・店舗型、オンライン型証券会社のそれぞれの、メリット
> とデメリットを理解する

●オンライン証券口座など特定口座の源泉徴収について

証券口座を開設すると、特定口座と一般口座があります。

S&P500インデックス投資信託で仮に運用利益が出た場合、税金の課税対象となります。納税の際、年間取引報告を行う必要がありますが、それを自ら行うのが一般口座です。

証券会社が行うのが特定口座です。会社員や自営業の個人の投資家が一般口座を開設すると年間取引報告など手間がかかりますので、多くの人が特定口座を選んでいます。

特定口座を開設する際には、源泉徴収有りか、源泉徴収無しか、を選ぶ必要があります。源泉徴収有りの場合は証券会社が自動的に納税金額を計算して納税代行します。源泉徴収無しは、自分で確定申告し納税することになります。

源泉徴収有りの場合、株式や投資信託の利益確定で、日本円に換金する際に、納税金額分が差し引かれて、手元にお金が戻ってきます。

源泉徴収無しは、税金が差し引かれない反面、確定申告の際に、証券会社が作成した年間取引報告書を利用して、確定申告をする必要があります。

　源泉徴収有りは手間がかからないというメリットがあります。
　源泉徴収無しは、利益確定したときの税金の徴収がないので、再投資をした場合、運用元本を効率的に投資できるという利点があります。

　1年の最後の確定申告で税金を払えば良いので、途中の投資資金を、その都度の税金の徴収を回避することができます。
　専業主婦（夫）、配偶者の扶養に入っている場合、源泉徴収無しを選んで扶養の範囲を超えてしまうこともあるかもしれません。専門家（税理士）に相談しながら、ケースバイケースで考える必要があるかもしれません。

　金融商品、証券口座の選択を含めて、それぞれの状況に応じて柔軟に考えていく必要があります。

●ポイント
・証券口座の源泉徴収と確定申告を状況に応じて使い分ける

●介護保険料

　資産運用に関連して、今後高齢化社会を迎えるなかの介護保険料について確認してみたいと思います。会社員の方は給与から介護保険料が控除されています。健康保険料に全国健康保険協会と記載されていたら、例えば、月収20万円で40歳になると、200,000円×1.79％＝3,580円が介護保険料として徴収されています（2020年現在）

　介護保険料は保険の組合によって異なるようです。介護保険料は高齢化社会を迎えた日本で、毎年見直しがされており、年々上昇（負担が増える）傾向にあります。
　2020年の日本の人口の高齢率は25％を超えるといわれます。21％以上が超高齢化社会とのことです。

　2022年以降は、昭和の経済成長を支えた団塊の世代の多くが75歳以上となり、介護保険料の引き上げも予想されています。

　家計の支出、生活費、光熱水費、学費、住宅費など支出を今一度見直してみる必要がありそうです。日々の生活費や光熱水費や、スケールメリットや競争見積もりによって、サービスの質を維持しながら、5％〜10％程度のコスト削減は充分可能です。

　過剰に保険を付保していないか、などの見直しも必要です。

国家や企業の基本的な財政の収支は、収入 − 支出 ＝ 財政収支、といえますが、個々人の家庭においてもその重要性がいえそうです。

　介護保険料など高齢化社会、いや超高齢化社会で、現役勤労世代の負担は大きくなっていきます。会社員としての単独の収入は横ばいや減少傾向です。

　会社員以外の収入源を作る、「副業」でなく、「複業」を準備していくことも良いと思います。収入を増やす準備をしつつ、支出をコントロールすることが大切になっていきます。

　家族会議など家族で率直な意見や重要なことの意識をシェアするなどの、話し合いの機会を持つと良いと思います。

◉ポイント
・介護保険料は今後負担の増加傾向が予想される。
　その負担の推移に注意する。

PART 5-6
おススメの始め方 ③　それでも不安な方のために

●最低の投資金額（小口 100 円）で始める

　資産運用に不安で一歩進めない人がいると思います。そんな方のために、最低の金額で投資を始めるという方法があります。

　投資信託ごとに最低の投資金額が決められています。最近では、100 円と設定されている商品もあるようです。100 円でも毎月投資をすることで、3 か月間様子を見て折に触れて、1,000 円、5,000 円と、毎月の投資額を増やしても良いでしょう。

　日本国内の企業の個別銘柄に投資をしようとすると、少なくとも数万、数十万円の元手が必要になります。大枚をはたいて購入した銘柄が暴落しては目も当てられません。個別銘柄を購入することは、少なからずリスクが付きまとうのです。

　まずは少額でインデックス投資を始めます。すると自然に毎日のニュースに関心が向くようになります。ニュースと相場の動きの相関性をなんとなく掴んできてからでも、個別銘柄への投資は遅くはありません。

　少額投資で投資がどういうものかを理解し、次のステップとして個別銘柄の分析・投資を行うのが、株式投資の定石だと思います。

●時間を分散して始める

　毎月定額の投資か、一括の投資かということでは、最初は毎月定額の投資が良いと思います。マーケットの上下動のタイミングがあるのが主な理由です。

　ドルコスト平均法の項でも先述したように、時間を分散して、平均の購入の単価を平準化するのが良いと思います。
　余剰資金が入ったときに、追加で、一括の投資を組み合わせるのが基本かと思います。

●今後 7 年前後の期間年数に

活用しない余剰資金の枠を決め、その枠内で始める。

　7 年間もしくは 10 年間という期間の設定は、米国株式インデックス運用が過去 10 年間保有した場合プラス圏内に推移し

ていることに関連します。

　過去 10 年間ないし 7 年間の継続保有で、マイナスでなくプラスに推移する可能性が高まります。自分のお金を区分けして、7 年間使わない金額は、長期投資、米国株式インデックス運用で積極投資する場所に置くことが有効です。

●ポイント
・今後 7 年間は活用しない金額を、長期資産運用として、
　米国株式 S&P500 運用を行う

付録

米国株S&P500
著者注目の個別銘柄

● S&P500 の構成銘柄について

　前述したように、S&P500 の構成銘柄はインターネットで誰でも簡単に確認できます。

　AAPL Apple Inc.（アップル社）、Coca-Cola Company（コカ・コーラ）、Pfizer（ファイザー社）などの、私たち日本人に馴染みのある会社がある一方で、一般に知られていないちょっとマニアックな優良銘柄を最後にご紹介したいと思います。

　本書で米国株 S&P500 インデックスに投資することで、経済の成長 と構成銘柄の事業収益の恩恵を受けることができるとお伝えしてきました。S&P500 インデックスと合わせて、500社の個別銘柄を知ることで、より知的好奇心が刺激され、お金と資産運 用の学びと実践が進むはずです。S&P500 の個別銘柄を学び、米国株式市場への理解をグッと深めていきましょう。

● S&P500 社の構成銘柄
　一般的な日本人に知られていない有望な会社

　S&P500 に Apple（アップル）や Coca Cola（コカ・コーラ）のような多くの日本人が知っている会社があることをお伝えしてきました。しかし S&P500 の中には一般的な日本人に知られていないとても有望な会社もあります。ここで著者おススメの銘柄をいくつかピックアップしてみます。

① Dollar Tree － DLTR

【特色】
引用：https://www.dollartree.com (2021-07-13)

日本の 100 円ショップのように 1 ドル以下で商品販売するディスカウントストアのチェーンを展開。米国本土 48 州カナダ、15,000 店舗以上を展開。

【上場】2011 年 12 月　　【設立】1986 年

【本社】バージニア州のチェサピーク

【ワンポイント】

日本には進出していませんが、コロナ禍明けに、米国やカナダに旅行をする際に、日本の 100 円ショップと商品などと比較してみるのも楽しいかと思います。意外なお宝が見つかるかもしれませんね。

【株価推移】

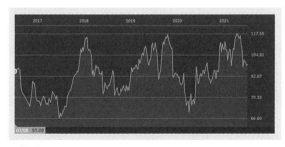

引用：https://www.bloomberg.co.jp/quote/DLTR:US (2021-07-08)

②MGM Resorts International ― MGM

引用：https://www.mgmresorts.com/en.html (2021-07-13)

【特色】

ホテル、飲食、娯楽のリゾート関連の全般の事業をしています。スロットやテーブルゲーム、レースなどカジノ事業にも強みがあります。カジノが好きな方は訪問したこともあるのではないでしょうか。ゴルフクラブの運営もしています。

【上場】2017年7月　　【設立】2000年

【本社】ネバダ州ラスベガス

【ワンポイント】

コロナ禍前に海外旅行に行った際ラスベガスやマカオでカジノに訪問したことがある方も多いと思います。ポスト・コロナ明けの海外旅行やカジノ、エンターテイメントを待ちきれない方も多いのではないでしょうか。

【株価推移】

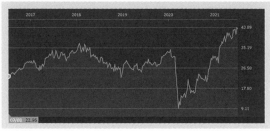

引用：https://www.bloomberg.co.jp/quote/MGM:US (2021-07-08)

③ Verisk Analytics ― VRSK

【特色】

データを分析、リスク評価を行っている会社です。自然災害（地震など）のリスク対策、会社の事業継続の準備などが求められているのを背景に、業績を伸ばしています。

【上場】2015 年 10 月　　【設立】1971 年

【本社】ニュージャージー州ジャージーシティ

【ワンポイント】

リスク評価は、業界問わず注目されています。損害保険会社はもとより、一般企業だけでなく政府や国家関連組織も、想されるリスクに備えて、リスク発生時の損害を最小限に損害をえて、組織運営を継続することが求められています。

【株価推移】

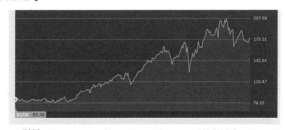

④ Kroger － KR

引用：https://www.kroger.com (2021-07-13)

【特色】

米国で老舗のスーパーマーケットとコンビニエンスストアです。地元で数千人単位の雇用を生んでいます。日本では、あまり有名ではありませんが、アメリカの老舗スーパーです。商品ラインナップが豊富で多くのアメリカ人に利用されています。

【上場】1957 年　　【設立】1883 年

【本社】オハイオ州シンシナティ

【ワンポイント】

アメリカに旅行の際にアメリカ人の生活に密着したスーパーマーケット事業の同社で、買い物してみるのも楽しいと思います。アイスクリームやケーキのアメリカンサイズの大きさに驚くかもしれませんね。食べ過ぎに注意です（笑）。

【株価推移】

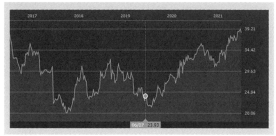

引用：https://www.bloomberg.co.jp/quote/KR:US (2021-07-08)

⑤ Edwards Lifesciences ― EW

引用：https://www.edwards.com (2021-07-13)

【特色】

アメリカの医療機器メーカーです。日本の一般の方には知られていない会社かもしれませんが、心臓疾患などの病気治癒の高い技術が注目されています。

【上場】2011 年　　【設立】1958 年

【本社】カリフォルニア州アーバイン

【ワンポイント】

牛の組織で作られた、「移植用の心臓弁」を開発しているようです。心臓系の疾患をもつ多くの患者の方へ、治癒の希望を与える会社かもしれません。

【株価推移】

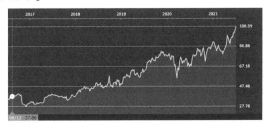

引用：https://www.bloomberg.co.jp/quote/EW:US (2021-07-08)

⑥ Global Payments　ー GPN

引用：https://www.globalpaymentsinc.com (2021-07-13)

【特色】

Global Payments はクレジットカードやデビットカード、電子決済、決済全般のサービスを提供してます。日本でも Pay-pay や DocomoPay などの決済市場のシェア獲得の競争が激しくなってきています。

【上場】2016 年　　【設立】1967 年

【本社】ジョージア州アトランタ

【ワンポイント】

クレジットカードの決済や、Suica などの電子決済サービスは私たちの日本の生活に浸透してきています。デビットカードは、今後、デジタル通貨や暗号資産を、買い物の決済で使う方法の１つとして、注目されていくかもしれませんね。

【株価推移】

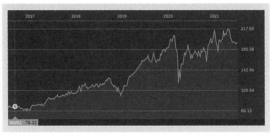

引用：https://www.bloomberg.co.jp/quote/GPN:US (2021-07-08)

⑦ Paycom ― PAYC

引用：https://www.paycom.com (2021-07-13)

【特色】

ソフトウェア開発をしている会社です。とりわけ給与支払い
をオンライン（PC、スマホ）で行うソフトウェアに強みが
あります。その他、会社の入社・退職など人事関連のソフト
ウェアで行うことで業績を伸ばしてきました。

【上場】 2020 年　　**【設立】** 1998 年

【本社】 オクラホマ州オクラホマシティ

【ワンポイント】

人事部の負担を軽減させることで、業績を伸ばしてきました。
社内会議のオンライン化、重要書類の電子保存するサービスな
ど、世界的にリモートワークが進んだ中でますます業績を伸ば
しています。日本に、本格的に進出があるかもしれませんね。

【株価推移】

引用：https://www.bloomberg.co.jp/quote/PAYC:US (2021-07-08)

⑧ Yum! Brands　ー YUM

引用：https://www.yum.com (2021-07-13)

【特色】

世界中に店舗を展開するファーストフード企業です。全世界の
150 以上の国と地域で事業を行っています。日本の KFC やピ
ザハットも YUM グループです。

【上場】1997 年　　【設立】1997 年

【本社】ケンタッキー州ルイビル

【ワンポイント】

ケンタッキー・フライド・チキンの第一号店はガソリンスタン
ドと併設されたレストランでした。フランチャイズとして起業
したのは、なんと 65 歳！人生いくつになっても前を向いて努
力する大切さをサンダースが教えてくれているようですね。

【株価推移】

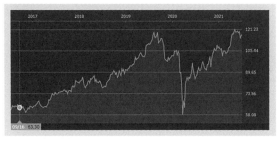

引用：https://www.bloomberg.co.jp/quote/YUM:US (2021-07-08)

⑨ Zebra Technologies ― ZBRA

引用：https://www.zebra.com(2021-07-13)

【特色】

リアルタイムの遠隔感知などのサービスを持っている会社です。リモートワークが浸透し、遠隔での会話、安全管理が注目されているなか、今後も業績を伸ばしていく可能性があります。

【上場】 2019 年　　**【設立】** 1969 年

【本社】 イリノイ州 リンカーンシャー

【ワンポイント】

位置情報のサービスは、新商品の開発や新店舗の開店の際の、お客様の商流の分析などに役に立ちます。日本の類似するサービスの会社も見られます。位置情報の分析は、ビジネスなど、今後注目されそうです。

【株価推移】

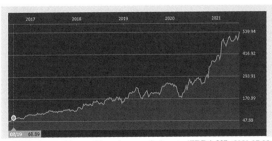

引用：https://www.bloomberg.co.jp/quote/ZBRA:US (2021-07-08)

●インデックス投資から個別銘柄投資に
　　ステップアップしてみよう

　このような日本人に知られていない有望企業も S&P500 イン
デックスに含まれています。

　これから資産運用を始める方や始めてからまだ時間が経って
いない方は、最初は S&P500 インデックス投資を「階段の１段
目」として取り組むと良いと思います。

　そして、「階段の２段目」以降として、アメリカ企業の個別
銘柄への投資を検討してみるのも面白いと思います。

　それらの個別銘柄の中には、明日のビックスター、GAFA
のような企業もあると思います。自分のお金を増やしていく大
きな推進力となる可能性があります。

あとがき

取り残された学問としての資産運用

　私たちは、学校教育でも家庭でも、社会人になってからも、基本的な金融の知識を得る機会はありませんでした。

　義務教育は小学校6年間、中学校3年間の9年間あります。帰宅後の宿題の時間、中間期末試験の勉強や、塾で勉強する時間を含めると、もっと多くの学習時間、おそらく1万2千〜5千時間前後の学習時間があったと思います。

　1万2千〜5千時間を超える時間で、お金や資産運用について学んだ時間は何時間あったでしょうか？

　コロナ禍もあり私たちの生活、働き方は大きく変化しました。変化の時代であるからこそ、生活を見直し、働き方を柔軟に見直す時期かもしれません。そして生活と働き方と同様に、お金のことも、まじめに学ぶ機会なのかもしれません。

　取り残された学問ともいえるお金や資産運用について、今後は学習し、理解し、実践することが必要です。

　お金、資産運用を学習した人と、そうでない人 の差は、今後、時間の経過とともに、その差は大きくなっていきます。

　皆さまのご家族や大切な人と、本書が「お金」と「資産運用」を学ぶ「階段の1段目」になってお役に立てれば幸いです。

　皆さまの資産運用の実践を、心より応援しております。

堀越陽介（ほりこし・ようすけ）

東京都杉並区出身。DCプランナー（企業年金総合プランナー）
1級。中央大学経済学部卒業。外資系金融機関や安田投信投
資顧問（現明治安田アセットマネジメント）にて、投資信託
や企業年金法人営業、投資信託セミナーの講師等を経験。仙
台市のコミュニティFM『ラジオ３』にて、起業家対談番組『堀
越陽介のステキな出会い』のラジオパーソナリティーを務め
る。TOEICスコア910点。

TwitterID：@hori1308

米国株 Ｓ＆Ｐ５００インデックス投資

2021年8月23日　　初版発行
2021年10月27日　　2刷発行

著　者　　堀　越　陽　介

発行者　　和　田　智　明

発行所　　株式会社　ぱる出版

〒160-0011　東京都新宿区若葉1-9-16
03(3353)2835－代表　03(3353)2826－FAX
03(3353)3679－編集
振替　東京　00100-3-131586
印刷・製本　中央精版印刷(株)

ISBN978-4-8272-1287-7　C0033

弊社では、投資全般に係わる相談、相場の変動予測、個別の相談等は一切しておりません。
実際の投資活動は、お客様御自身の判断に因るものです。
あしからずご了承ください。